오늘도
동네 카페의 문을
엽니다

오늘도

돈 버는 카페를 만드는 체크리스트 ☑

동네 카페의 문을 엽니다

구대회 지음

그렇게 커피집을 열었습니다

길을 가다 발에 채이는 것이 카페 간판이지만, 밥 없이는 살아도 커피 없이는 못 산다는 커피 러버들에게 카페 창업은 여전히 언젠가는 이루고 싶은 삶의 로망이자 꿈이다. 막상 카페를 차리면 큰돈을 벌지 못하고, 몸이 힘들다는 것쯤은 이제 누구나 알고 있다. 그럼에도 카페는 그 이름에서 풍기는 특유의 아름다움과 향취 때문에 사람들을 불러 모으고 있다. 이 책은 2016년 4월에 출간한 『커피집을 하시겠습니까』의 개정판이다. 7년이란 세월이 흐르면서 그 사이 바뀐 정보를 수정했다. 저가 커피의 미래, 개인 카페가 사는 길, 그리고 커피 여행 몇 편을 추가했다.

요즘은 프랜차이즈 카페를 창업하는 사람들 가운데도 시작 전에 커피 공부를 열심히 하는 것은 물론이고 여러 이름난 카페를 탐방하면서 나름대로 커피 내공을 쌓는다. 개인 카페를 목표로 하는 사람들은 더욱 준비에 열을 올린다. 바리스타 학원 등에서 커피를 익힌 후 제빵 학원에 등록해 베이커리를 배우면서 디저트 만들기에도 많은 노력을 기울인다. 그 후 인근 카페에서 일을 하면서 창업을 차근차근 준비한다. 과거처럼 아무 준비 없이 무작정 카페 창업에 뛰어드는 일은 눈에 띄게 줄어 들었다. 그럼에도 카페 창업 후 1년 내에 문을 닫는 폐업률은 치킨집보다 높은 약 17%로 여전히 줄어들지 않고 있다. 그것은 그들이 열심히 하지 않아서가 아니라 그만큼 과거보다 경쟁이 더 치열해졌기 때문이다.

단지 먹고살기 위해 하는 일이 싫어 직장을 그만두고 카페를 열었는데, 다시 먹고사는 일을 걱정하게 된다면 그 얼마나 비참한 일인가. 그런데 이게 현실이고 카페를 차리고 나면 마주하게 되는 내 모습이다. "강한 자가 살아남는 것이 아니고 살아남는 자가 강한 것이다"라는 말이 실감나는 요즘이다. 변화에 적응하지 못하면 결국 도태되고 생존을 보장받지 못하는 것이다. 이 단순한 진리는 카페에도 적용된다.

14년째 매일 아침 카페 문을 열고 있지만, 커피를 마주하면 여전히 설레고 손님이 두렵다. 단골 손님들은 커피 맛이 조금만 달라져도 금세 알아차리기 때문이다. 나에게는 수백 잔 중 한 잔이지만, 손님에게는 오늘 딱 한 잔이기에 그 의미가 나와는 다르다. 그날 하루 기분을 좋게 할 수도 있고 망칠 수는 있는 커피라서 그렇다. 내가 커피 한 잔 한 잔에 정성과 최선을 다하는 이유다.

이 책은 카페를 준비하고 실행하고 성숙시켰던 과정에 대한 기록이자 커피를 향한 나의 러브 레터이다. 모쪼록 이 책이 커피를 좋아하고 카페 창업에 비전이 있는 분들에게 작게나마 즐거움과 도움이 되기를 바랄 뿐이다.

내가 살아가는 가장 큰 이유인 사랑하는 딸 연희에게 이 책을 드린다.

2023년 봄
구대회

COFFEE

TRAVEL

커피와 가까워지는 시간

STEP

1

정말 좋아하는 일,
가장 잘하는 일

'무엇을 하고 살아야 행복할까?'

대학 때 가장 많이 한 고민이지만 쉽게 결론을 내지는 못했다. 결국 이 질문은 대학을 졸업하고 취업을 하고 결혼한 뒤에도 내 가슴속 깊은 곳에 여전히 꺼지지 않는 불씨로 남았고 때가 되면 슬금슬금 되살아나 나를 괴롭혔다. "다들 그렇게 산다" "그게 인생이다"라는 말은 전혀 위로가 되지 않았고 동의하고 싶지도 않았다.

가장 부러웠던 사람은 부유하지는 않더라도 자기가 좋아하는 일을 하면서 경제적으로 어려움 없이 살아가는 이들이었다. 그러나 불행히도 내 주변에는 그런 사람이 거의 없었다. 세상 잣대로 보면 좋은 직업일지라도 정작 그 일을 하는 사람들의 얘기를 들어보면 하나같이 "먹고살기 위해 어쩔 수 없이 하고 있다"라는 답이 돌아왔다. 결국 무엇을 하느냐가 아니라 나에게 맞는 일을 하고 있느냐가 중요한 것이었다.

더 이상 미룰 수 없었다. 내가 좋아하는 일을 찾아야 했다. 내가 좋아하는 일의 목록을 작성해보았다. 마라톤, 등산, 사진, 중국차, 커피, 여행, 음악 감상, 스쿠버다이빙 등 그 종류만도 수십 가지에 이르렀다. 이 가운데 직업으로 삼을 수 있는 수준에 이른 것은 거의 없었다. 아니 전무했다. 더구나 직업으로 선택했을 때 늙어서도 할 수 있는 것은 중국차와 커피 정도였다.

중국차의 경우, 보이차 파동으로 차 가격이 10배 가까이 뛰면서 예전 가격으로는 좋은 차를 구하기가 어려워졌다. 더구나 그마저도 가짜가 판을 치기 때문에 최근 들어서는 차를 많이 즐기지 않는다. 설사 보이차 파동이 아니더라도 중국차를 판매하며 살아갈 수 있을지 자신이 없었다. 중국어를 새로 배우는 것도 부담으로 다가왔다. 그렇다면 커피밖에 없었다.

커피는 스타벅스가 한국에 상륙하기 전부터 백화점에서 원두를 구매해 핸드밀로 분쇄한 후 직접 내려 마시고는 했다. 중국차를 가까이하면서 소원해지기는 했으나, 여전히 즐기는 음료였다. 커피를 좋아하지만 커피에 대해 공부한 적이 없기 때문에 아는 것이 적었다. 그나마 다행인 것은 커피를 위해 새로운 언어를 배워야 할 필요는 없었다. 커피가 내 몸에 잘 맞는다는 것 또한 다행이었다. 우선 커피를 배워야 했다. 배우면서 커피를 업으로 삼을 수 있을지 판단하기로 했다.

집에서 멀지 않은 마포구에 커피를 가르치는 바리스타 학원이 몇 곳 있어 그중 한 곳을 방문했다. 직원도 친절하고 대표 또한 커피에 대한 열정이 있어 보여 그날로 바리스타 마스터 과정에 등록했다. 커피를 배워

보겠다고 하자 아내는 왜 커피를 돈 주고 배우냐며 그냥 취미로 즐기라고 했다. 이미 수업을 신청했다고 하니 어이가 없다는 듯 아무 말도 하지 않았다.

난생처음 에스프레소 머신 앞에 섰다. 그라인더로 커피를 분쇄한 후 포터필터에 커피 가루를 담고 탬퍼로 다졌다. 그리고 머신에 장착 후 추출 버튼을 누르니 레디시 브라운 색깔의 커피가 스파우트를 타고 내려와 에스프레소 샷 잔을 채웠다.

난생처음 내가 직접 추출한 에스프레소를 맛보았다. 쌉싸래한 쓴맛, 상큼한 신맛, 후미에서 약간 단맛이 돌았다.

"커피에서 신맛이 나네."

말로만 듣던 커피의 신맛이 기분 나쁘지 않았다.

스티밍을 배울 때였다. 스팀 레버를 열자 노즐에서 강한 수증기가 세 갈래로 뿜어져 나왔다. 자칫하면 손을 델 수 있기 때문에 겁이 났다. 우유를 데우고 거품을 내서 카푸치노를 만들었다. 비록 곱디고운 벨벳 밀크는 아니었지만 풍성한 거품을 낸 것만으로도 만족스러웠다. 나를 지도했던 트레이너는 우스갯소리로 "우유 스티밍을 제대로 하려면 젖소 한 마리는 잡아야 한다"고 말했다. 그만큼 많이 연습해야 한다는 뜻이었다.

바리스타 학원은 격일로 일주일에 세 번 정도 나갔다. 수업은 두 시간 동안 진행되었다. 트레이너의 시범과 학생들의 실습이 반복되었다. 그 두 시간의 수업은 내가 경험한 어떤 시간보다 짧게 느껴졌다. 수업 전날이면 내일 무엇을 배우는지 체크했으며, 새로운 것을 배운다는 기대감으로 행복했다.

핸드드립은 나도 평소에 즐기던 것이라 낯설지 않았다. 분쇄한 커피 가루 위에 물을 흘려 커피를 추출하는 핸드드립은 커피를 가장 맛있게 즐기는 방법인 동시에 세상에서 가장 맛없는 커피를 만들 수 있는 것이기도 했다. 에스프레소 머신과 달리 손으로 추출하는 커피는 누가 어떻게 하느냐에 따라 맛의 차이가 컸다. 같은 종류의 원두임에도 맛의 차이가 나는 것이 매력적이었다. 가장 기초적인 나선형드립부터 숙련도를 요구하는 동전드립까지, 드리퍼의 종류에 따라 그 방법도 다양했다. 핸드드립만 해도 배울 것이 무궁무진했다.

드디어 교육 과정이 모두 끝나고 바리스타 시험을 치렀다. 1차는 필기시험, 2차는 실기시험이었다. 필기시험은 수험서의 연습문제와 거의 비슷하게 출제되어 어렵지 않게 통과했다. 실기시험은 10분 안에 에스프레소 4잔, 카푸치노 4잔을 만드는 것이었다. 연습을 많이 했음에도 불구하고, 짧은 시간 안에 여러 잔의 커피를 메뉴에 맞게 만드는 것은 쉽지 않았다. 결과가 발표되기까지 떨어지면 어떡하나 꽤 불안하고 초조했다.

컴퓨터로 합격을 확인했을 때는 어찌나 기쁘던지 마치 사법시험이라도 패스한 것처럼 나도 이제 바리스타가 되었다고 지인들에게 전화를 걸기도 했다. 지금 생각하면 우습지만, 그만큼 바리스타가 되고 싶었다.

바리스타 학원 두 달, 시험을 보느라 한 달 반, 거의 넉 달이 흘렀다. 나는 넉 달 동안 커피를 새로운 직업으로 갖는 것에 대해 깊이 고민했다. 기대만큼 커피를 배우는 내내 재미있었다. 바리스타는 건강이 허락하는 한 일흔이 넘어서도 할 수 있는 정년이 없는 직업이다. 내가 이것을 평생의 직업으로 삼는다면 어떨까. 과연 아내는 어떤 반응을 보일까. 좋아하고 잘하는 일을 직업으로 삼는다면 금상첨화겠지만, 우선 좋아하는 일을 열심히 하다 보면 언젠가는 잘할 수 있지 않을까. 이런 생각들로 머릿속은 복잡했으나, 행복했다. 늙어서도 좋아하는 일을 직업으로 갖는다는 것, 이 일로 먹고사는 문제까지 해결할 수 있다면 정말 매력적이지 않은가.

14

커피 공부를 위한
세계 여행

커피는 알면 알수록 매력적인 상품이었다. 돈이 되고 안 되고를 떠나 나와 여러모로 궁합이 잘 맞았다. 우선 나는 커피를 마셔도 카페인 부작용에 대한 부담이 적었다. 위가 건강해서 속이 불편하지도 않았다. 각성의 음료라는 점 또한 매력적이었다. 사람들을 깨어나게 하고 생산성을 높여주는 마법 같은 음료. 프랑스 정치인, 탈레랑은 커피에 대해 "악마같이 검으나 천사처럼 순수하고, 지옥같이 뜨거우나 키스처럼 달콤하다"라고 칭송한 바 있다.

커피에 대해 더 많은 것을 알고 경험하고 싶었다. 그러나 우리나라에서는 커피가 자라지 않는다. 온실에서 자라는 커피가 있기는 하나, 그것은 내가 보고 싶은 커피가 아니었다. 그렇다면 커피 농장에 가야 하는데, 인터넷에는 그 정보가 거의 없었다. 농장뿐만 아니라 각 나라의 카페와 그 문화를 알고 싶었다. 커피를 생산하는 콜롬비아, 인도네시아 등의 커피 문화와 커피를 주로 소비하는 유럽, 미국 등의 커피 문화는 어떤 차이가 있을까. 내친김에 전 세계를 돌며 커피 농장과 카페를 둘러보는 것은 어떨까.

이 생각을 내 가슴에만 담아두기에는 이미 커질 대로 커져버려 더는 어찌할 수 없는 지경에 이르렀다. 아내에게 이 모든 것을 말하고 설득해야 했다.

"나 진짜로 커피를 하고 싶은데, 경험도 부족하고 공부도 부족한 것 같아. 그래서 생각해봤는데, 우리 세계 여행 하는 것은 어떨까?"

"세계 여행? 갑자기 웬 세계 여행?"

"전 세계를 돌면서 커피 농장과 카페를 경험하고, 한 살이라도 젊고 건강할 때 여행을 하면서 평생 잊을 수 없는 추억을 쌓는 거야."

"생각은 좋은데 너무 이상적이야. 현실 감각이 없어도 너무 없어. 사람이 이상만 추구하고 살 수는 없어. 현실을 인정하자고. 우리가 무슨 돈이 있다고 세계 여행을 해? 그리고 갔다 와서는 어떻게 할 건데?"

"내가 다 생각해놓은 것이 있어. 아파트 전세금과 저축으로 여행하는 거지. 일부는 미국 금융주를 사놓을 거야. 여행을 갔다 오면 사용한 여행 경비는 주식 매매 차익으로 메울 수 있을 거야. 그리고 책도 쓰고, 작은 카페도 하나 차리고."

우리는 이 문제로 몇 날 며칠을 다퉜다. 치고받고 심하게 싸우기보다는 침묵의 냉전기를 한 달여 보냈다.

그러던 어느 날, 아내의 재가가 떨어졌다.

"그래, 오빠가 원하는 대로 하자. 하지만 이것만 명심해줘. 여행을 다녀와서 우리 생활이 어렵지 않도록 해줘."

"고마워, 알았어. 내가 잘할게. 여행도 재미있을 거야. 기대해."

아내의 동의를 받아내고, 본격적인 여행 준비에 들어갔다. 소풍 당일보다, 기대감으로 가득한 전날 밤이 더욱 행복했던 것처럼 여행 준비 과정은 세계 여행에 대한 들뜸과 설렘으로 나날이 행복했다. 적어도 나 혼자만큼은.

아내에게 그동안 가고 싶었던 곳을 골라 목록을 만들어보라고 했다. 아내는 주로 피지, 몰디브 등 휴양지나 파리, 뉴욕 등 큰 도시를 선택한 데 반해 내 목록에는 미얀마, 쿠바, 콜롬비아, 케냐 등 평소 가기 힘든 먼 나라나 커피와 관련이 있는 곳이 대부분이었다. 두 사람의 취향이 달라도 너무 달랐다.

여행 기간은 18개월, 방문할 나라는 40여 개국. 왜 이렇게 많은 나라를 여행해야 하냐며 아내는 불평했다. 나라간 이동 시간도 길고 나라수가 많아 체류 기간이 짧아져 여행 피로도가 높을 거라고 했다. 아내의 걱정을 모르는 것은 아니었지만 이 또한 여행하면서 조정하자고 했다. 여기에서 우리는 다시 한번 부딪쳤다.

"솔직히 여행 기간이 너무 길고 여행할 나라 수가 많아. 어떻게 18개월 동안 여행해? 한 나라당 14일 체류 일정이야. 너무 살인적이야."

"알았어. 여행을 하다가 너무 힘에 부치면 일정과 나라 수를 조정하자. 지금 칼을 대는 것은 아닌 것 같아. 네가 이해 좀 해주라. 내가 많이 도와줄게."

아파트 전세 계약 만료가 2009년 5월 중순이었기 때문에 출발은

5월 20일 이후로 잡았다. 남은 기간은 약 6개월. 방문할 나라와 도시에 대한 공부를 시작했다. 우선, 나라별로 가이드북을 구입했다. 책을 읽다가 더 자세한 내용을 알고 싶으면 인터넷을 검색해 궁금증을 해결했다. 그 이후에는 KBS 〈걸어서 세계 속으로〉와 EBS 〈세계테마기행〉 등 여행 관련 프로그램을 나라 혹은 도시별로 시청했다.

4월이 되자 국가 간 교통편 연결, 국경 통과, 숙소, 볼거리까지 모두 정리가 되었고 18개월 동안 40여 개국을 여행하는 것으로 확정지었다. 중국에서부터 시작해 유럽을 거쳐 아메리카, 오세아니아, 아프리카를 여행한 후 유럽 서남부로 돌아가 귀국하는 여정이었다.

총 40~45개국, 약 18개월

Part1

아시아&유라시아1 : 10개국, 4개월

한국 [항공]〉 중국 [육로]〉 **베트남**(커피 농장) [육로]〉 캄보디아 [육로]〉 태국(경유) [육로]〉 **라오스**(커피 농장) [육로]〉 태국 [항공]〉 미얀마 [항공]〉 태국 [항공]〉 인도 [육로]〉 파키스탄 [육로]〉 이란 [육로]〉 터키

베트남 호치민에서 달랏으로 이동 후 커피 농장 견학
라오스 팍송에 들러 커피 농장 탐방

Part2

유럽1 : 2개국, 10일

터키 [육로]〉 그리스 [항공]〉 영국

Part3

아메리카 : 11개국, 6개월

영국 [항공]〉 캐나다 [항공]〉 미국 [항공]〉 **멕시코**(커피 농장) [항공]〉 **쿠바**(커피 농장) [항공]〉 멕시코 [항공]〉 **과테말라**(커피 농장) [항공]〉 **콜롬비아**(커피 농장) [육로]〉 **에콰도르**(커피 농장) [육로]〉 페루 [육로]〉 볼리비아 [육로]〉 칠레 [육로]〉 아르헨티나

멕시코 오악사카 근처 커피 농장 탐방
쿠바의 소규모 커피 농장 탐방
과테말라 안티구아 인근의 커피 농장 견학
콜롬비아 커피 농장 견학
에콰도르의 고산지대 커피 농장 견학, 공정무역 커피 견학

19

Part4

오세아니아 등 : 3개국, 2개월

아르헨티나 [항공]〉 호주 [항공]〉 **인도네시아**(커피 농장) [항공]〉 홍콩

인도네시아 커피 농장 및 코피루왁 농장 방문
가능하면 로스팅 과정 이수

Part5

아프리카 : 8개국, 3개월

홍콩 [항공]〉 남아프리카공화국 [육로]〉 나미비아 [육로]〉 보츠와나
[육로]〉 짐바브웨 [육로]〉 **잠비아**(커피 농장) [육로]〉 말라위 [육로]〉 **탄자
니아**(커피 농장) [육로]〉 **케냐**(커피 농장)

잠비아, 탄자니아, 케냐에서 커피 농장 견학 및 체험

Part6

유럽2&유라시아2 : 10개국, 3개월

케냐 [항공]〉 영국(런던) [항공]〉 포르투갈 [육로]〉 스페인 [육로]〉 이탈리아
[페리]〉 크로아티아 [육로]〉 헝가리 [항공]〉 노르웨이 [항공]〉 에스토니아
[육로]〉 러시아 [육로]〉 몽골 [육로]〉 중국 [항공]〉 한국

최고의 커피가 있는 곳, 콜롬비아 살렌토

COFFEE
TRAVEL

　　누군가 나에게 그동안 마셨던 커피 가운데 가장 맛있었던 커피가 무엇이냐고 묻는다면 주저 없이 히말라야 안나푸르나 트레킹 중 산장에서 마신 '우리나라 인스턴트커피'라고 답할 것이다. 배고플 때 먹은 음식이 가장 맛있는 것과 마찬가지다. 아무리 산해진미라 할지라도 소화불량으로 고생 중이거나 이미 다른 음식으로 배가 부른 상태라면 입에 대기도 싫을 것이다. 그러므로 가장 맛있게 마신 커피와 가장 훌륭한 커피는 다른 의미다. 전자는 커피에 대한 갈급함이 주된 요인이고, 후자는 커피의 질을 말하는 것이다.

　　살렌토Salento. 이름이 지닌 어감만큼이나 아름다운 이 작은 마을은 내가 세계 여러 나라를 여행하며 마주친 수많은 카페 중에서 가장 훌륭하고 맛있는 커피를 만난 곳이었다. 깎아지른 듯한 해안 절벽과 눈이 부시게 푸른 해변으로 유명한 이탈리아의 빼어난 휴양지, 살렌토와 이름이 같다. 둘 다 아름답고 멋진 마을이지만, 콜롬비아의 살렌토가 해발 2,400m에 위치한 고산마을이라면 이탈리아의 살렌토는 해발 0m의 해

안마을이다.

　　세상에서 가장 훌륭한 커피를 만나러 가는 길은 그리 녹록하지 않았다. 콜롬비아의 수도, 산타페데보고타의 북쪽 터미널에서 아르메니아행 버스를 타고 열 시간 가까이 간 후에 다시 살렌토행 마을버스로 갈아타고 40여 분을 들어가야 했다. 문제는 시간이 아니라 도로 상태였다. 도심을 벗어나면서 드러난 구불구불한 산길은 버스에서 한순간도 몸을 고정시킬 수 없을 만큼 흔들림이 잔인하다. 더욱이 밤에 출발하는 차라면 한숨도 못 자고 밤을 꼬박 새울 각오를 해야 한다. 나 역시 그러했다. 평소 차멀미가 없는 사람조차도 이 길에 오르면 소화되지 않은 음식을 육안으로 확인할 수 있을 것이다. 쉬어갈 때는 반드시 차 밖으로 나와서 맑은 공기를 들이마시고 맨손체조라도 해야 그나마 차멀미를 줄일 수 있다.

　　거의 열두 시간이 걸려서 도착한 살렌토는 언덕 '알토데라크루스'에 오르면 마을이 한눈에 들어올 만큼, 예상했던 것보다도 훨씬 작은 마을이었다.

　　해발 2,400m에 위치한 마을답게 기후가 시시각각 변하였다. 햇볕이 쨍쨍 내리쬐다가도 어느새 구름이 하늘을 덮고 비가 내리기 시작했다. 그리고 얼마 지나지 않아 다시 맑게 개었다. 항상 공기가 촉촉하고 맑아서 숨을 들이쉬고 내쉴 때마다 도시의 매연으로 찌든 폐가 깨끗하게 청소되는 느낌이었다.

　　살렌토에 온 이유는 오로지 세계 최고의 커피를 만나기 위해서였

말을 타고 다니는 살렌토 사람들

갖가지 조명으로 불을 밝힌 살렌토의 야경

카푸치노 스티밍을 하는 주인장

다. '플랜테이션 하우스Plantation House'에 가면 영국에서 기업 컨설팅을 하다가 은퇴한 노신사가 운영하는 숙소에 머물며 커피 농장을 체험할 수 있다. 며칠 전부터 예약을 해두지 않으면 방을 구할 수 없을 정도로 인기가 높았다. 나는 예약을 하지 않았기 때문에 광장 근처에 위치한 호텔 '포사다 델 앙헬Posada del Angel'에 여장을 풀었다.

　마을 광장에서 가장 먼저 눈에 들어온 것은 탈것이었다. 이곳에서는 이제 막 초등학교에 들어갔을 아이부터 백발의 노인까지 말을 타고 다녔다. 아이들조차 말을 부리는 솜씨가 보통이 아니었다. 우리나라 같으면 학원에 다니느라 어른보다 바쁠 아이들이건만, 한가로이 동물과 자연 속에서 살아가는 방법을 몸으로 배우고 있었다.

　광장 북서쪽 한편에는 쌍둥이 형제가 운영하는 커피하우스가 있었다. 심플한 탁자와 의자 외에 별다른 인테리어는 없었으나 눈에 띄는 것이 있었다. 다름 아닌 수동식 1세대 에스프레소 머신이었다. 얼핏 보기에도 백 년은 된 것 같았다. 아니나 다를까 이탈리아 토리노 지방에서 만든 '라 파보니' 머신으로 백 년 가까이 된 것이라고 하였다. 책에서만 보았던 것을 직접 마주하게 되다니. 더욱 놀라운 것은 이 머신이 아직까지 멀쩡하게 작동한다는 사실이었다. 전설적인 머신으로 추출한 에스프레소를 마셔볼 생각에 심장이 두근거렸다.

　전동 그라인더가 없어 이상하다 생각했는데, 주인장은 커피 통에서 미리 갈아놓은 커피 가루를 한 스푼 떠서 포터필터에 담았다. 탬핑도

하지 않고 바로 머신에 장착하고는 손으로 레버를 내렸다. 이윽고 추출되는 진한 갈색의 에스프레소는 보기만 해도 그 향과 맛이 전해지는 듯하였다. 머신이 구형이라 크레마는 두텁게 추출되지 않았다. 그러나 매끈하게 흐르는 군더더기 없는 깔끔한 쓴맛과 신맛 그리고 커피를 다 마시고 난 다음에도 위胃에서부터 코까지 치고 올라오는 기품 있는 잔향까지. 바로 이 맛을 찾았었다.

바로 바닥을 보인 커피가 아쉬워 카푸치노 한 잔을 더 주문하였다. 에스프레소 위에 데운 우유와 거품을 얹은 카푸치노 특유의 고소한 맛이 일품이었다. 무엇이 맛의 차이를 내는 것일까 자못 궁금하였다. 커피 산지에서 생산되는 원두는 두말할 필요 없이 최상이겠지만, 우유는 목장에서 기르는 젖소의 원유를 공급받아 사용하는지 아니면 기제품을 사용하는지 묻고 싶었다. 그러나 내 스페인어가 일천하고 카페 주인장의 영어가 서투르니 그저 관찰만 할 뿐 답은 얻지 못하였다.

닷새 동안 살렌토에 머물면서 하루에 세 번 이상 쌍둥이 형제가 운영하는 카페에 들렀다. 형과 동생이 어찌나 닮았는지 정말 유심히 관찰하지 않으면 분간하기 어려웠다. 사흘쯤 지나니까 그 두 사람도 나를 알아보고 내가 주문하지 않아도 알아서 아침에는 카푸치노, 점심에는 에스프레소, 저녁에는 카푸치노를 내왔다. 이래서 단골이 좋은가보다.

떠나기 전날 알게 된 사실인데, 이 카페는 우리나라 모 방송국 여행 프로그램에도 소개가 되었다고 한다. 여느 때와 같이 아침에 들렀더니,

나를 불러 비디오테이프를 꺼내어 녹화된 영상을 보여주었다. 촬영 후 한국에서 테이프를 보내준 모양이었다. 한국인이 이 카페에 들를 때마다 자랑하듯 영상을 틀어주는 것 같았다. 내가 떠나는 날에도 어김없이 TV 화면에는 그 영상이 재생되고 있었다. 캠코더가 없어 비록 영상으로 남길 수는 없었으나, 닷새 동안 마신 커피 맛은 눈, 코, 혀를 통해 뇌리에 지워지지 않는 기억으로 남아 있다. 요즘도 한가로이 커피를 마실 때면 때때로 세계 최고의 커피가 있는 곳, 살렌토의 쌍둥이 형제 커피하우스를 추억한다.

부에노스 디아스,
쿠바

쿠바 혁명의 영웅이자 이상주의자들의 아이콘, 체 게바라. 그 굵기만큼 구수하고 무거운 연기, 시가Cigar. 한때 잊혀졌지만 다시 부활해 전설이 되어버린 음악가들, 부에나 비스타 소셜 클럽. 쿠바인에게는 공기이자 소금과도 같은 춤, 살사. 서방의 경제봉쇄가 만들어낸 명물, 올드 카. 연인들의 데이트 장소이자 아이들의 놀이터, 말레콘. 군복보다 아디다스 체육복이 잘 어울리는 지도자, 피델 카스트로까지. 쿠바 하면 떠오르는 대표적인 이미지다. 여기에 나는 '사람 향기'를 더하고 싶다.

멕시코 칸쿤을 출발한 비행기는 한 시간 사십오 분 만에 쿠바 아바나 공항에 닿았다. 공항에서 도심으로 가는 길에 마주친 쿠바의 첫인상은 생각보다 현대화되어 있다는 것이었다. 나를 태운 택시도 푸조 신형이었다. 그러나 아바나 도심으로 진입하자 세상은 온통 암흑이었다. 전력 사정이 워낙 좋지 않다 보니 꼭 필요한 시설이 아니면 소등을 한다고 했다. 덕분에 숙소를 찾는 데 애를 먹었다. 택시 기사 또한 내가 예약한 숙

쿠바의 흔한 로컬 카페

소의 위치를 몰라 지나가는 행인과 잡화점 상인에게 물어 겨우 찾았다. 그렇지만 그 풍경이 마음에 들었다. 불야성 도심을 마주했다면, 나는 어쩌면 실망했을지도 모르겠다.

가볍게 저녁이나 먹을까 싶어 숙소를 나와 식당을 찾는데, 거리가 어두워 길을 찾을 수 없었다. 희미하게 빛이 새어나오는 골목으로 들어가니 식사를 겸할 수 있는 주점이 나왔다. 메뉴판을 봐도 무슨 뜻인지 알 수가 없어 옆 테이블에 있는 음식과 같은 것을 달라고 한 뒤 모히토 한 잔을 주문했다. 알고 보니 그 음식은 잘게 저민 소고기와 쌀로 만든 '파카티이요'였다. 허기진 배를 채우느라 맛을 느낄 틈도 없이 허겁지겁 접시를 비웠다.

모히토를 반쯤 들이켰을 때, 손님들은 음악에 맞춰 누가 먼저랄 것도 없이 남녀가 짝을 이뤄 살사를 추기 시작했다. 자리에서 어깨를 들썩이는 내게 한 여성이 손을 내밀었다. 멕시코 오악사카에서 한 살사 했던 내가 아니었던가. 예상치 못한 나의 적극성에 손님들은 박수를 치고 휘파람을 불어댔다. '아, 여기가 쿠바구나.' 나의 쿠바 신고식은 이렇게 시작되었다.

나는 그동안 담배를 한 번도 피워본 적이 없었다. 적어도 쿠바에 오기 전까지는. 쿠바에 오면 꼭 해보고 싶은 것이 있었다. 쿠바 사람이 후텁지근한 날씨 아래서 땀이 송송 맺힌 구릿빛 허벅지에 대고 말아준다는 세계 최고급 시가를 경험하는 것이었다. 길거리에서 파는 그저 그런 것

말고, 최고급 시가로 잠시나마 호사를 누리고 싶었다. 그래서 찾은 곳이 시가 공장과 판매점을 겸한 '파르타가스Partagas'였다. 점포 안쪽에는 손님들이 구입한 시가를 피울 수 있는 안락한 공간이 마련되어 있었다. 나는 최고급 코히바 6.55인치 시가를 입에 물고 살살 돌려가며 긴 성냥으로 불을 붙였다. 반대편에 앉은 초로의 두 신사와 숙녀는 나에게 눈인사를 건넸다. 나는 가벼운 웃음을 띠고 살짝 고개를 숙여 답례했다.

한 신사는 난생처음 담배를 피운다는 내 말을 못 믿겠다는 듯 고개를 가로저었다. 그러면서 내가 피우는 6.55인치는 비기너에게는 너무 과하다고 했다. 그동안 담배를 피워보지는 않았지만, 시가는 궐련과는 달리 속까지 깊이 들이마시지 않고 입안에서 즐기는 담배라는 것은 알고 있었다. 그러나 3분의 1쯤 피웠을 때, 순간 연기가 목에 탁 걸렸다. 콜록콜록 거친 기침이 났고, 눈물을 쏙 빼고 말았다. 세 사람은 깔깔대고 웃었다. 역시 시가는 그 굵기만큼이나 구수했으나, 매섭고 무거운 연기였다.

쿠바에서 50원이면 로컬 카페에서 에스프레소 한 잔을 즐길 수 있다. 하지만 저렴하다고 맛까지 그럴 거라 생각하면 오산이다. 쿠바는 명실상부 커피나무가 자라는 커피 산지이다. 구형이기는 하지만 그래서 더 멋스러운 레버식 에스프레소 머신으로, 신선한 원두를 이제 막 추출한 진하디진한 커피에는 크레마가 맛나게 앉았다.

커피 한 잔을 비우고, 아바나클럽 아네호 에스페시알 럼을 한 잔 주문했다. 각성된 정신은 럼의 알코올이 혈관을 타고 온몸에 퍼지면서 살짝 눌렸다. 다시 에스프레소 한 잔을 주문해 설탕을 한 스푼 넣고 휘휘 저은 후 단숨에 들이켰다. 입안에 남은 럼의 잔향과 커피 향이 섞이면서 오묘한 맛을 냈다. 설탕의 단맛으로 마무리. 10여 분 만에 각성과 몽환의 두 세계를 경험했다. 뭐든지 지나친 것보다는 조금 서운한 듯해야 다시 찾게 된다.

시엔푸에고스에서 있었던 일이다. 이곳은 한때 스페인 식민지였던 곳으로 지금도 마요르 광장을 중심으로 성당, 정부 건물, 공원 등 고풍스러운 건물들이 고스란히 남아 있는 조용하고 아름다운 도시다. 예약을 하지 않고 무작정 들렀기에 버스에서 내리자마자 광장으로 나가 숙소를 찾았다. 외관이 깨끗하고 발코니에 관리가 잘된 화분이 여러 개 놓인 숙소를 발견해 하룻밤 묵기로 했다.

이곳의 주인인 레오와 아르만도 부부는 자식들을 출가시키고 고양이 세 마리와 함께 지내고 있었다. 그중 한 마리의 걸음걸이가 다른 두 고양이와 달라 물어보니 늙어서 눈이 안 보여 그렇다고 했다. 나이를 물으니 스물세 살이라고 해서 깜짝 놀랐다. 내가 키우는 고양이, 꼬모의 사진을 보여주자 아르만도는 "보니또(귀여운) 보니또" 하고 탄성을 연발하고는 놀러온 친구들에게도 보여주었다. 아르만도는 고양이를 무척 사랑하는 모양이었다.

레오가 서재에서 공책 한 권을 들고 나왔다. 내 이름과 주소를 받아 적고는 내가 이곳을 방문한 두 번째 한국인이라고 말했다. 환영의 의미로 체 게바라 펜던트 목걸이를 선물로 주었다. 그는 아바나 대학에서 경제학 박사학위를 받고 정부를 위해 일했으며 젊을 때 체 게바라를 몇 번 만난 적이 있다고 했다. 체 게바라가 1928년생이니까 레오와는 5년 정도밖에 차이가 나지 않는다. 어떤 사람이었냐고 물으니 그가 답했다.

"As you know."

다음 날 아침이었다. 아르만도는 활짝 웃는 얼굴로 "부에노스 디아스"라고 인사를 건넸다. 내가 이제까지 만나본 할머니 중 가장 아름다운 미소를 가진 분이었다. 아침식사를 하기 위해 부엌 식탁으로 안내를 받았는데, 나는 두 번 놀랐다. 먼저, 방금 구운 듯 따뜻한 빵, 잔 받침까지 데운 뜨겁고 진한 커피, 그리고 다양한 열대과일 등 정성이 깃든 풍성한 식탁 때문이었다. 다음으로는, 한 번도 들어본 적 없는 아름다운 피아노 선율 때문이었다.

"아르만도, 이 음악이 뭐예요?"

"쿠바 클래식 음악이에요."

아니, 쿠바에도 클래식 음악이 있다니. 생각지도 못했다.

장난삼아 "아르만도, 이 곡 피아노로 칠 수 있어요?"라고 묻자 그는 엷은 미소를 띤 채 "아마도"라고 답했다. 아르만도는 아바나 음대에서 피아노학과 교수로 있다가 은퇴했다. 이 음반을 어디서 살 수 있는지 물었더니, 그는 불가능할 거라고 했다. 내가 아쉬워하자 잠시만 기다리라고 하더니 그의 남편에게 갔다.

　식사를 마치고 떠나려는 나에게 아르만도는 CD 두 장을 내밀었다. 식사 때 들은 쿠바 클래식 음악 CD를 복사한 것이었다. CD에는 '엔리케 치아 피아노 1, 2집'이라고 쓰여 있었다. 아르만도와 나는 가볍게 포옹한 후 볼 키스를 나눴다. 그녀는 오늘부터 한국인 아들이 생겼다며 기뻐했다. 나 역시 아르만도를 엄마처럼 생각하겠다고 말했다. 며칠 더 묵고 싶었으나, 예약이 꽉 차 빈방이 없는 관계로 레오가 소개한 다른 숙소로 떠날 수밖에 없었다.

　요즘도 가끔 쿠바를 생각한다. 엔리케 치아의 피아노 선율을 들으며 에스프레소 한 잔을 마시면서, 쿠바의 아침을 추억한다. 특히 나에게 또 다른 쿠바의 모습을 보여준, 사람 향기 가득한 레오와 아르만도, 두 분을.

커피로 잠 못 드는,
시애틀

멕 라이언과 톰 행크스가 주연한 영화 〈시애틀의 잠 못 이루는 밤〉(1993년 개봉)은 시애틀을 로맨틱한 기적이 이뤄지는 곳으로 세상에 알렸다. 2000년대 이후 스타벅스가 세계적인 커피 프랜차이즈로 자리매김하면서 시애틀은 마치 커피의 성지처럼 떠오르게 된다. 세상에 이처럼 잘 포장된 도시가 또 있을까. 도시를 대표하는 명물은 대개 하나면 족하다. 파리를 상징하는 에펠탑, 로마 하면 떠오르는 콜로세움, 아테네 시내 전체를 굽어보는 파르테논신전, 런던을 고풍스럽게 하는 빅벤 등이 그 예다. 반면 시애틀을 상징하는 것은 유구한 역사를 자랑하는 유적지나 현대식 고층 건물이 아니라는 점에서 여느 도시와 다르다.

우리나라의 노량진수산시장 격인 파이크플레이스마켓에 위치한 스타벅스 1호점은 새벽 6시부터 밤 9시까지 끊임없이 이어지는 손님을 받느라 말 그대로 북새통이다. 20평 남짓한 공간은 주문하고 계산을 하려는 줄과 주문한 커피를 기다리는 줄로 양분된다. 손님들은 대개 20분

신나는 음악에 맞춰 흥겹게 일하는 스타벅스 1호점 직원들

이상 기다린 뒤에야 주문한 커피를 받아 들고 저마다 '인증 샷'을 찍느라 싱글벙글한다. 커피 맛보다 스타벅스 1호점이 주는 상징성 때문에 왔을 테니, 여기서 맛이 좋으니 나쁘니 품평하는 사람은 없다.

매장에는 신나는 음악이 하루 종일 울려 퍼지는 가운데 직원들은 가볍게 어깨춤을 추기도 하고, 서로 정겨운 눈짓을 하며 소녀처럼 까르르 웃음을 터뜨리기도 한다. 매일같이 파도처럼 밀려오는 손님을 받으며 불평도 할 만한데, 직원들이 하나같이 신난 모습은 내게 신선한 충격을 안겼다. 무엇이 저들을 흥겹게 할까? 10대 후반으로 보이는 소녀부터 마흔은 족히 넘었을 중년 여성까지 직원 간에 세대 차이를 느낄 수 없었고, 일을 즐긴다는 인상을 받았다. 이게 바로 스타벅스 1호점의 힘이다.

스타벅스는 2014년 12월, '스타벅스 리저브 로스터리&테이스팅 룸 Starbucks Reserve Roastery and Tasting Room'을 개장했다. 하워드 슐츠 회장이 밝혔듯이 스타벅스의 미래라고 자부할 만한 세계 최대 매장으로, 캐피톨 힐 Capitol Hill의 오래된 건물을 개조했다. 구상 기간 10년, 면적은 약 420평에 달하며, 한 매장을 오픈하는 데 25억 원이 넘는 돈을 썼다. 던킨도너츠의 경쟁에 직면하고, 새로운 경쟁자로 부상하는 블루보틀과 스텀프타운 커피에 대항하기 위해 그야말로 스타벅스의 모든 것을 쏟아부은 매장이다.

건장한 남자의 힘으로도 버거운 육중한 나무 문을 밀고 매장에 들어온 관광객들은 엄청난 규모와 휘황찬란한 황동색 시설에 눈이 휘둥그레진다. 나 역시 매장에 들어가는 순간, 스타벅스가 이 매장을 설계하는

시애틀 파이크플레이스마켓에 위치한 스타벅스 1호점

시애틀 캐피톨 힐에 위치한 스타벅스 리저브 로스터리

데 얼마나 많은 공을 들였는지 단박에 알 수 있었다. 스페셜티급 생두를 볶고, 포장하고, 추출하는 모습이 한눈에 보이는 고급스런 공장형 매장이었다. 말 그대로 오감이 즐거운 특별한 매장을 만들었다. 스마트폰 애플리케이션으로 미리 커피를 주문하고 매장에서 받아 가는 원격 주문 서비스, 사이렌 오더까지 도입한 점은 미래형 커피 매장의 일면을 보는 듯했다.

시애틀 시내에는 스타벅스처럼 상업적으로 프랜차이즈 시스템을 갖추지 않고 오랜 세월 같은 자리에서 묵묵히 동네 명물이 된 카페도 많다. 그들은 존재 자체로 멋스럽다. 비록 많은 이들이 즐겨 찾는 관광 명소는 아니지만, 시애틀 시민들의 한결같은 사랑을 받고 있다.

다크 로스팅의 깊고 진한 맛으로 정평이 난 '카페 다르테Caffe D'arte'는 시애틀에서 이탈리아 정통 커피 색채를 가장 잘 보여주는 곳이다. 에스프레소를 주문하면 커피와 탄산수, 초콜릿이 함께 나온다. 카페 다르테에서 에스프레소를 맛있게 즐기는 방법은 다음과 같다.

우선 탄산수로 입안을 헹군다. 앙증맞은 데미타세에 담긴 커피 한 모금을 홀짝 마시면, 묵직하고 맛있게 쓴 커피가 입안에 담겼다가 "내가 커피다"라고 자신 있게 소리치면서 목젖을 타고 식도로 향한다. 드디어 위에 살짝 내려앉은 커피는 온몸에 카페인을 퍼뜨리며 비로소 나를 온전히 점령했음을 선포한다. 입안에 남은 쓴맛이 입천장을 툭툭 칠 무렵, 초콜릿을 오물거리면 어느새 커피의 쓴맛과 초콜릿의 단맛이 섞이면서 혀는 마지막 잔치를 즐긴다. 남은 탄산수로 입안을 헹구면 마치 양치질

한 듯 개운해진다.

고소하고 부드러운 카페라테가 제공되는 곳, 시애틀에서 어느 카페보다 물을 중시하는 곳, 그 외에도 '카페 비타Café Vita'를 상징하는 수식어는 넘쳐난다. 이곳은 우스꽝스러운 피에로 간판이 돌출되어 멀리서도 쉽게 눈에 띈다. V 자형 바 정면에는 하이엔드급 에스프레소 머신의 대명사 시네소Synesso가 떡하니 자리 잡고 있다. 카페라테를 주문한 뒤 자리에 앉아 기다린다. 에스프레소가 추출되고 이윽고 우유 스티밍이 시작된다. 힘차고 깨끗한 백색 소음이 우유를 데우고 잘 섞는다. 바리스타는 8oz(237ml) 잔에 에스프레소를 붓고 그 위에 데운 우유를 따른다.

완성된 카페라테를 받아 들고 자리에 앉아 잔에 입술을 대고 커피를 입안 가득 빨아들인다. 참깨 서 말 같은 고소함과 실크처럼 부드러운 우유가 입안에 퍼진다. 입을 꼭 다물고 코로 숨을 내쉰다. 커피 향이 비강을 치고 나가면서 코털을 간지럽힌다. 다시 한 모금 입에 머금었다가 꿀꺽 삼킨다. 뜨끈한 카페라테가 목젖을 넘어 식도를 타고 내려가 위에 안착한다. 배 속에서는 커피를 더 달라고 아우성이다. 그러기에 8oz는 너무 적은 양이다. 카페 비타는 그 이름이 말해주듯 내 인생의 카페라테로 또 하나의 약력을 쌓는다.

그 외에도 도심에는 시애틀의 커피 전통을 이어가는 카페가 즐비하다. 소규모 로스터리 카페는 대부분 나름의 블렌딩과 로스팅 비법으로 직접 볶은 원두를 사용하고, 고객에게 판매하기도 한다. 원두를 구매하

카페 다르테

카페 비타

는 손님에게 커피 한 잔을 무료로 제공하는 점은 다른 곳에서 보기 힘든 독특한 풍경이다. 마치 우리의 푸근한 인심과 덤 문화를 보는 듯 정겨웠다. 스타벅스를 비롯한 시애틀의 수많은 카페는 커피에 홀린 전 세계 커피 애호가들을 마법처럼 불러 모은다.

킨포크 라이프의
성지에서 만난 최고의 커피

시애틀에서 차로 세 시간 거리에 있는 포틀랜드는 오리건주에서 가장 큰 도시다. 서울의 약 60퍼센트 면적에, 강남구의 인구와 비슷한 60만여 명이 사는 미국의 대표적인 항만도시이기도 하다. 스포츠 브랜드 나이키의 본사가 있고, 미국 여느 도시와 달리 약 10퍼센트에 달하는 판매세를 내지 않아 물가가 상대적으로 저렴한 편이다. 시내에는 수제 맥줏집과 로스터리 카페, 오너 셰프가 운영하는 수많은 음식점이 있어 식도락가에게 천국과 같은 곳이다. 이외에도 포틀랜드는 최근 유행하는 자연 친화, 간소함, 느림의 미학을 추구하는 '킨포크 라이프Kinfolk Life'의 성지로 알려지면서 세계적으로 명성을 떨치고 있다.

마침 내가 찾은 일요일은 사우스이스트 호손Southeast Hawthone 지구에서 지역 축제가 열렸다. 각양각색의 음식을 파는 푸드 트럭, 지역 특산품을 팔러 나온 상인, 쓸모없어진 오래된 가재도구를 내다 파는 벼룩시장이 장사진을 이뤘다. 거리는 그야말로 발 디딜 틈 없이 사람들로 가득 찼다. 아이들을 위한 무대에서는 우스꽝스러운 복장을 한 배우가 기타 반주에 맞춰 익살스럽게 구연동화를 하고 있었다. 히피로 보이는 남녀 한 쌍은 길바닥에 앉아 돈을 주고는 차마 듣지 못할 노래를 자기 흥에 겨워 부르고 있었다. 나 역시 길거리 음식을 먹고, 거리 악사의 연주에 맞춰 사람들과 함께 춤을 추면서, 독특한 방식을 고수하는 포틀랜드 사람들의 삶에 잠시나마 동화되었다.

널찍하고 탁 트인 공간, 스테인리스 콘 필터 커피를 처음 선보인 곳으로 정평이 난 '코아바 커피 로스터스Coava Coffee Roasters'는 자유분방함 가운데 질서가 있으며, 비었으나 공허함을 느낄 수 없는 독특한 곳이다. 약 6m 높이 천장에 약 100평이나 되는 공간에 테이블이 네 개뿐이다. 공간을 비효율적으로 사용하는 것 같으나, 덕분에 손님은 무한한 해방감과 자유를 만끽할 수 있다.

이곳에서는 에스프레소 머신 추출과 스테인리스 콘 필터 드립으로 커피를 즐긴다. 원두도 두 가지를 선택할 수 있으니, 추출 방법과 원두를 달리하면 네 가지 맛을 경험할 수 있다. 무더운 날씨에 오랜 시간 걸은 터라 아이스아메리카노를 주문했다. 추출은 에스프레소 머신, 원두는 산타소피아 온두라스로 골랐다. 빨대로 커피 한 모금을 쭉 빨아올렸다. 입안 가득 퍼지는 기분 좋은 청량감 때문인지 "와아" 탄성이 절로 나왔다. 개운한 커피란 바로 이런 것을 두고 하는 말인가 싶을 정도로 깨끗하고 깔끔했다. 한 모금을 더 빨아들이자 아열대 과일 향이 혀를 감싸 안았다. 더위와 피로에 지친 몸이 위로 받기에 충분한 커피다.

시원한 커피 한 잔을 맛있게 비우고, 나머지 원두인 루이스 마드리

거리에서 노래하는 히피

우스꽝스러운 복장을 한 배우가 기타 반주에 맞춰 구연 동화를 하고 있다.

커피를 추출하는 코아바 커피 로스터스 바리스타

코아바 커피 로스터스

아노 온두라스가 궁금해졌다. 추출법은 이 집의 자랑인 스테인리스 콘 드립으로, 종이 필터와 달리 기름기가 많은 커피를 추출하는 데 좋다. 한국이나 일본처럼 섬세한 드립은 아니지만, 아카이아 전자저울로 사용할 원두를 정확히 계량한 뒤 추출을 시작했다. 바리스타는 오직 맛있는 커피 한 잔을 위해 가벼운 춤을 추듯 팔을 움직여 커피를 추출했다.

이윽고 따뜻한 커피 한 잔이 내 앞에 놓였다. 잔에 입술을 대고 커피를 마시기 전에 킁킁거리며 모락모락 피어오르는 커피 향을 만끽했다. 구수한 커피 향이 코끝을 간지럽혔다. 더는 기다릴 수 없어 한 모금 삼켰다. 기대한 대로 쓴맛보다 가벼운 신맛이 지배적인 커피다. 그렇다고 미간을 찌푸릴 만큼은 아니어서 누구나 부담 없이 좋아할 만했다.

블루보틀과 함께 미국 서부의 신흥 강자로 떠오르며 스타벅스를 긴장시킨 스텀프타운 커피는 포틀랜드의 작은 카페에서 시작되었다. 대개 유명한 카페의 1호점이 그렇듯, 여기도 그 위치나 규모 때문에 하마터면 지나칠 뻔했다. 20평 남짓한 공간을 커피 바, 로스팅 스페이스, 손님 테이블 등 크게 세 부분으로 나눠 공간 활용을 극대화한 점이 인상적이었다. 손님 테이블이 놓인 공간에는 벽 가득 그림을 걸었는데, 가격표가 붙어 있는 것으로 보아 판매도 하는 모양이었다. 유명한 카페의 1호점 정도 되면 순례객으로 붐비는 것이 보통인데, 나 외에는 관광객으로 보이는 사람이 없다는 점이 좀 의아했다.

에스프레소를 베이스로 한 커피도 충분히 매력적이지만, 스텀프타운 커피의 매력은 누가 뭐라 해도 콜드브루가 아닐까? 나는 세 가지(오리지널, 스몰 배치, 니트로) 콜드브루 중 스몰 배치를 주문했다. "뜨거운 커피는 코로 마시고, 차가운 커피는 눈으로 마신다"는 말이 있다. 갈증이 단박에 해소되는 청량감이 지배적인 가운데, 우리네 보리차 같은 구수함이 입안 가득 감돌았다. 카페인 부담이 없다면, 몇 잔이라도 마실 수 있을 만큼 부드럽고 정갈한 맛이 일품이었다. '이래서 스텀프타운 하면 콜드브루라고 하는구나'를 실감하는 순간이었다. 콜드브루를 병과 캔에 담아 판매하여 기호에 따라 골라 마시는 즐거움도 있었다.

카페라테는 부드러움과 고소함이 매력인데, 역시 기대를 저버리지 않았다. 강하게 로스팅하지 않았는데도 신기하게 신맛이 별로 없고, 전체적으로 균형 잡힌 맛이 매력적이었다. 시애틀의 카페 비타와는 또 다른 카페라테의 신세계를 경험하는 순간이었다. 커피에 살짝 얹힌 우유 거품이 실크처럼 부드럽고, 에스프레소와 잘 섞여서 우유 맛을 느낄 수 없을 정도로 고소했다. 스팀 온도 또한 적당해서 비리거나 텁텁하지 않았다. 카페라테의 교과서를 보는 듯 황홀했다.

시애틀의 커피가 대중적인 맛을 추구한다면, 포틀랜드의 커피는 개성이 충실히 표현된 맛이라고 볼 수 있다. 로스팅 정도 역시 시애틀은 중강 이상으로 볶아 쓴맛을 강조한 카페가 많은 반면, 포틀랜드는 중 볶음으로 신맛과 커피의 복합적인 맛을 내려는 카페가 주를 이뤘다. 내가 찾은 포틀랜드 카페는 대부분 스페셜티급 생두와 특별한 풍미가 있는 생두를 소량 생산한 것을 산지 농장에서 직접 가져와 자가 사용과 판매를 겸하고 있었다. 시애틀의 스타벅스가 잘 짜인 시스템과 거대 자본으로 견고하게 쌓은 영주의 성이라면, 포틀랜드의 스텀프타운 커피는 오직 실력과 지역 주민과 관계를 통해 쌓아 올린 정겨운 시골집 토담이다.

스텀프타운 커피 1호점

무지개 빛깔의 커피가 있는 곳, 블라디보스토크

고종은 구한말 조선의 커피 역사에서 단골로 등장하는 인물이다. 그가 조선 최초로 커피를 마셨다는 설은 비록 사실이 아니지만, 커피에 흥미로운 스토리를 부여한다는 점에서 커피 애호가의 호기심을 유발한다. 러시아가 1896년 아관파천을 기점으로 조선 왕가에 커피를 제공했다는 것은 시대적 상황으로 보아 부인할 수 없을 듯하다. 100여 년 전 우리에게 커피를 전한 러시아인들은 지금 어떤 커피를 즐기며, 그 문화는 어떨까?

블라디보스토크는 러시아의 군사전략적인 요충지일 뿐만 아니라 경제적인 측면에서도 상당히 중요한 위치에 있는 항구다. 육로는 중국과 북한이 맞닿아 있고, 해상은 동해를 거쳐 태평양으로 나갈 수 있다. 킹크랩과 생선 등 해산물이 풍부하고, 꿀과 초콜릿 제품이 저렴하다. 예술의 나라답게 마린스키극장에서는 우리나라의 10분의 1 가격으로 세계적인 발레와 오페라 공연, 오케스트라 연주를 감상할 수 있다.

커피도 다양한 형태로 발달해 커피 마니아라면 한번쯤 방문할 만한 가치가 있는 곳이 블라디보스토크다.

엔하이저우 정부 청사 맞은편 건물 2층에 자리한 '카페마 커피Kafe-ma Coffee'는 마이크로 랏을 비롯해 양질의 상업용 생두를 사용하는 블라디보스토크에서 몇 안 되는 카페다. 약 15년 전 하바롭스크에서 처음 문을 연 카페마는 이듬해 블라디보스토크로 진출했다. 모스크바에 있는 대행사를 통해 세계 각지의 생두를 공급받는데, 중앙아메리카 엘살바도르에는 직영 농장도 있다.

카페마의 손님 열 명 가운데 여덟 명은 카푸치노를 주문한다. 그만큼 카푸치노는 이곳의 대표 메뉴이자 자랑이다. 나도 카푸치노를 주문했는데, 크림같이 부드러운 질감과 특유의 고소한 맛이 일품이었다. 거품이 곱고 풍성하며, 카푸치노 라테아트도 예쁘고 균형감 있게 잘 나왔다. 전체적으로 밸런스가 훌륭하고, 누구나 거부감 없이 즐길 수 있는 매력적인 커피다.

에스프레소 머신계의 명품으로 손꼽히는 슬레이어Slayer를 사용하는 점도 인상적이었다. 매니저인 마샤는 "매주 일요일 오전 11시에 한 시간 동안 유료 커피 교실을 여는데, 주로 여성들이 참여한다. 하우스 원두 종류를 매주 달리하기 때문에 손님들이 다양한 커피를 맛볼 수 있는 점이 특징이다. 이곳에서는 핸드드립, 사이펀으로 추출한 커피도 맛볼 수 있다. 커피 값이 상대적으로 비싼 편이지만, 차별화된 맛과 분위기를 찾는 단골 고객이 많다. 외국인도 많이 오는데, 특히 중국인과 투르크메니스탄 사람에게 인기가 있다"라고 말했다.

블라디보스토크에서 질 좋은 생두를 쓰는 '카페마 커피'

블라디보스토크에서 맛볼 수 있는 '프로코피'의 무지개 빛깔 카페라테

카페마가 커피 본연의 맛에 충실하다면, '파이브 어클락 커피Five O'clock coffee'는 커피에 조금 힘을 빼고 차와 디저트의 조화를 강조한 곳이다. 조각 케이크, 파이, 머핀 등이 맛있어서 특히 여성에게 인기다. 이곳을 자주 찾는다는 나타샤는 "러시아 사람들은 집에서 주로 차를 마시는데, 커피를 추출하는 기구가 없기 때문이다. 질 좋은 원두를 구하기도 어려워 맛있는 커피를 마시고 싶으면 이 카페를 찾는다. 나는 신기하게도 차를 마시면 수면에 문제가 없는데, 오후 늦게 커피를 마시면 밤에 고생해서 조심한다. 요즘 젊은이는 물론이고 어른들도 커피를 많이 마시는 것은 몇 년 전부터 좋은 커피가 수입되면서 사람들이 맛있는 커피의 맛을 알게 되었기 때문이다."라고 말했다.

중고등학생으로 보이는 여자아이 둘이 다정하게 차를 마시고 있어 말을 걸었다. 그들 역시 평소 커피를 즐겨 마시는데, 여기는 차가 맛있어서 일주일 한 번쯤 찾는다고 했다. 특히 품질이 좋은 녹차를 마시고 싶으면 친구들과 파이브 어클락에 온다고 했다. 그 시각 매장에 있는 열두 명의 손님 가운데 아홉 명이 차를 즐기고 있었다.

블라디보스토크에서 가장 실험적인 커피를 맛보고 싶다면, 아르바트 거리에 위치한 '프로코피Procoffeey'가 제격이다. 무지개 빛깔의 라테아트, 세계 어느 곳에서도 맛보지 못한 맛과 향의 커피는 이곳의 경쟁력이자 특징이다. 여러 가지 색 시럽으로 장식한 카페라테는 바리스타의 손이 많이 가는 만큼 값이 좀 비싸지만, 그 비주얼만으로도 맛 이상의 보상을 준다. 차가버섯과 오미자 시럽을 섞은 아메리카노도 독특한데, 한번

쯤 경험해볼 만한 가치가 있다.

위치와 간판이 애매해서 찾기 어렵지만, 일단 카페 안에 들어오는 순간 천창과 벽에 걸린 형형색색의 조형물이 눈을 즐겁게 한다. 커피는 물론 해외의 유명한 요리학교에서 음식을 공부한 주인은 커피에 대한 자부심이 높다. 특이한 커피를 내놓는다고 커피의 기본에 충실하지 않은 것은 아니다. 시럽과 다른 재료를 섞지 않은 커피 역시 한국의 웬만한 카페 이상의 맛을 보장한다. 그래서일까. 블라디보스토크에서 외국인이 가장 많이 찾는 카페는 프로코피라고 해도 과언이 아니다.

미국을 대표하는 세계적인 커피 브랜드가 스타벅스라면, (비록 로컬 브랜드이기는 하나) 러시아를 대표하는 커피 브랜드는 일명 '해적커피'로 유명한 '로딩 커피Loading Coffee'다. 아메리카노는 손님 열 명 가운데 아홉 명이 마실 정도로 이 카페를 대표하는 메뉴다. 유럽 커피에 익숙한 사람은 로딩 커피가 조금 연하다고 느낄 수 있다. 하지만 러시아인의 기호에는 로딩 커피만 한 것이 없는 듯하다. 아르바트 거리의 로딩 커피 매장에서 만난 20대 중반의 직장 여성 아냐는 "로딩 커피는 값이 싸고 맛이 괜찮아서 하루에 세 잔 마신다"라고 했다. 내가 맛본 로딩 커피는 기대 이상으로 부드럽고 구수하다. 바디감과 향미를 강조한 커피를 선호하는 사람에게는 어울리지 않지만, 연한 커피를 찾는 이들에게 제격이다.

아냐는 "카페마처럼 고급 원두를 사용하는 카페는 한 달에 한두 번 가고, 로딩같이 값싸고 맛있는 카페를 즐겨 찾는다"고 했다. "만약 스타벅스가 러시아에 진출하면 가겠느냐"라는 질문에 "한두 번은 가겠지

파이브 어클락 커피에서 차를 마시는 중고생들

벤치에 앉아 로딩 커피를 즐기는 커플

커피와 가까워지는 시간

만, 아마 로딩 커피를 계속 마실 것"이라고 했다. 아냐는 몇 년 전 한국에서 직장 생활을 할 때 스타벅스를 경험했지만, 자기 입맛에는 로딩 커피가 더 맞는다고 했다.

몇몇 카페를 제외하고 길거리에서 흔히 마주치는 러시아 커피는 '뭐 이렇게 밋밋하고 싱거운가' 하는 느낌이었다. 그러나 몇 번 더 마시고 나니 '이것도 나름 마실 만하구나'라는 생각에 이르렀다. 맛없는 커피가 아니라 간이 조금 다른 커피인 것이다. 지역과 민족마다 즐겨 마시는 커피의 맛과 농도가 다른 것은 나라와 민족마다 다른 언어를 사용하는 것만큼 이질감을 준다. 하지만 그것은 무지개가 다른 빛깔이어서 아름답고 조화로운 것처럼 매력적이다. 이것이 내가 세상의 모든 커피를 찾아 나서는 이유이기도 하다.

커피 도락가의 낙원,
타이완

내가 타이완으로 커피 여행을 떠난다고 했을 때 지인들의 반응은 "타이완 사람들도 커피를 많이 마시나?"였다. 중국이나 타이완 하면 떠오르는 차에 대한 이미지가 워낙 강렬해서다. 타이완은 차 관련 산업이 상당히 발달한 것은 물론, 커피 관련 도구와 기계를 자체 브랜드로 생산하거나 OEM(주문자상표부착생산)으로 유명하다. 역사와 전통을 자랑하는 카페도 다수 있고, 거리마다 독특한 프랜차이즈 카페가 많아 커피 애호가에게 더할 나위 없는 즐거움을 준다.

1956년 문을 연 '펑다 카페이蜂大'는 명실상부 타이완에서 가장 오랜 역사를 자랑하는 카페다. 시먼西門 역 1번 출구에서 100m 정도 떨어진 곳에 위치한 펑다 카페이는 환갑이 넘은 나이에 걸맞게 중년 이상의 손님들이 주를 이룬다. 노련한 손맛과 숙련된 서비스를 자랑하는 직원들 역시 모두 불혹을 넘겼다. 오랜 세월의 흔적을 고스란히 간직해 먼지가 켜켜이 쌓인 커피 소품과 네 귀퉁이가 닳은 커피 테이블은 요즘 유행하

펑다 카페이 앞에 길게 줄을 선 손님들

매장마다 작은 로스터기를 비치해 직접 로스팅을 하는 카마 카페

는 현대적 감각의 세련된 인테리어와 거리가 멀다. 하지만 이곳은 고풍스러움과 인간미 넘치는 분위기 때문에 언제나 손님들로 발 디딜 틈이 없다.

직접 수십 종의 생두를 볶아 사용하는 이곳은 언제나 신선하고 맛 좋은 원두가 가득하다. 집에서 커피를 내려 마시기 위해 줄 서서 원두를 사 가는 모습은 이곳에서도 낯선 풍경이 아니다. 타이완의 많은 사람들이 집에서 차뿐만 아니라 커피를 즐기고 있음을 보여주는 예다. 특히 타이완에서 생산하는 원두는 비록 수입 원두보다 비싸지만, 자국에서 생산하는 커피라는 프리미엄과 독특한 풍미 때문에 타이완 사람들의 사랑을 듬뿍 받는다.

에스프레소는 강하게 볶지 않아서인지 적당한 신맛에 청량감마저 느껴졌다. 특히 커피 본연의 기분 좋은 쓴맛이 매력적이었다. 데미타세를 비울 때까지 에스프레소 특유의 강렬함이 나의 빈 위장을 툭툭 건드리며 마치 빈속에 스카치위스키 한 잔을 마신 것 같은 짜릿함을 주었다.

타이완에 와서 놀란 것 중 하나는 카페에서 사이펀 사용이 대중화되었다는 점이다. 마치 일본에서 핸드드립 커피가 주를 이루는 것과 비슷한 현상이다. 특별히 타이완에서 생산되는 원두를 선택했는데, 사이펀 특유의 깔끔하고 부드러운 맛이 일품이었다. 불쾌한 맛이나 향은 전혀 느낄 수 없고, 커피가 식은 뒤에도 맛있는 산미와 잔향이 혀와 비강을 기분 좋게 했다.

타이완에서 가장 인상적인 카페는 프랜차이즈인데도 모든 매장에

59

로스터기를 두고 직접 생두를 볶아 사용하는 '카마 카페Cama Café'다. 비록 매장은 안락한 의자와 넓은 공간을 제공하는 여느 카페보다 자그마하지만, 날마다 생두를 볶아 신선한 원두로 커피를 추출하는 점은 이곳의 배타적인 강점이다. 족발을 직접 삶는 집이 더 맛있어 보이듯이, 커피역시 직접 볶는 카페가 손님들에게 커피가 더 신선하고 맛있을 거라는인상을 준다.

일반적으로 직접 생두를 볶는 로스터리 카페는 그렇지 않은 카페에 비해 커피 값이 조금 더 비싼 것이 현실이다. 하지만 카마 카페의 커피는 한화로 2,500~4,000원이다. 데일리 드립커피도 선보이는데, 손님이 몇가지 원두 중 하나를 선택하면 그 자리에서 핸드드립으로 커피를 내려준다. 비록 이름난 카페의 핸드드립에는 비할 수 없지만, 드립커피의 기분을 내고 싶은 사람에게 대안이 될 수 있다.

커피 맛은 전반적으로 조금 밋밋하다. 러시아의 로딩 커피 맛과 흡사하다고 할까. 스타벅스같이 진한 커피 맛을 선호하는 사람에게는 시시할 수 있으나, 순하고 부드러운 커피를 찾는 이들에게는 어필하는 맛이다. 그래서인지 출근길에 커피 한 잔을 투 고to go 하는 시민이 심심찮게눈에 띄었다. 향후 우리나라에도 매장마다 생두를 볶는 카마 카페 형태의 프랜차이즈가 등장할 것으로 예상된다.

타이완에서 커피에 대한 가장 독특한 경험은 일명 '소금커피'로 유명한 빠스우뚜C85°C다. 타이베이를 비롯해 타이완 곳곳에 매장을 둔 이곳은 상대적으로 커피 값이 저렴하고, 매장 위치가 좋아 대중적인 인기

소금커피로 유명한 85℃

가 높다. 흔히 소금커피라고 하는 하이엔카페이海岩는 실제로 소금이 들어가 짠맛이 감돌며, 마치 커피믹스에 소금을 넣은 맛이다. 중독성이 강해서 한번 맛들이면 자꾸 찾게 된다는데, 내 입맛에는 썩 맞지 않았다. 짭짤한 커피 맛이 궁금하다면 한 번 경험할 것을 권한다.

타이베이 시내에서 쾌적한 실내와 고급스러운 분위기의 카페를 찾는다면 '멜랑지 카페Melange Café'가 제격이다. 중산中山 역 4번 출구 인근에 위치한 이곳은 이름의 뜻만큼 다양한 음료와 간단한 식사를 제공한다. 카페 좌우로 근사하고 세련된 분위기의 카페가 여러 곳 있어 작은 카페촌을 형성한다. 냉방이 잘되고, 매장이 넓고 쾌적하다. 깔끔한 유니폼을 입은 직원들은 영어를 할 줄 알며, 외지인에게도 무척 친절한 점이 인상적이다.

무더운 날씨에 오랜 시간을 걸은 터라 아이스블랙커피 한 잔을 주문했다. 강하게 볶은 만델링 원두를 사용한 것처럼 묵직하고 자극적인 쓴맛이 지배적인 커피다. 커피 한 모금을 머금고 입안에서 혀로 살살 굴렸다. 그리고 꿀꺽. 깊은 잔향이 오래 남았다. 커피와 함께 작고 예쁜 벨크리머에 시럽과 우유가 나왔다. 적당량의 시럽과 우유를 커피에 붓고 휘휘 저으니 제법 아이스라테처럼 보였다. 마치 우리나라 커피믹스 여러 개로 만든 것처럼 이전보다 훨씬 부드럽고 달콤했다. 무더위에 지친 이들에게 이보다 좋은 커피는 없을 것이다.

고정관념을 버리면 그동안 보이지 않고 경험하지 못한 것이 우리 삶에 들어온다. 커피 역시 마찬가지다. 타이완 하면 떠오르는 차에 대한 이미지를 잠시 접어두면, 어느덧 그들의 삶 깊숙이 자리 잡은 커피가 보이기 시작한다. 차뿐 아니라 커피도 맛있는 나라, 타이완은 커피 도락가에게 또 다른 낙원으로 이름을 올릴 것이다.

멜랑지 카페의 아이스블랙커피

세상의
모든 카페

베트남, 달랏의 로컬 카페

달랏은 베트남 중남부 내륙 고원(해발 1,500m)에 위치해 있어 사시사철 서늘하고 쾌적하다. 프랑스 식민지배하에서는 베트남 특유의 고온다습한 무더위를 피하려는 프랑스 장교들의 인기 있는 휴양지였다. 지금도 여전히 베트남 최고의 신혼여행지로 명성을 이어가고 있다. 그리고 커피를 생육하기 좋은 천혜의 지역으로 베트남 커피의 상당량이 이곳에서 수확되고 있다.

달랏에선 커피 산지답게 간이의자와 세월의 때가 묻은 찻잔이 있는 시골 다방부터 도회스러운 인테리어와 현대식 에스프레소 머신을 갖춘 곳까지 다양한 느낌의 카페를 마주칠 수 있다.

그 가운데 이 로컬 카페에는 동네 명소인지 카페 안과 밖은 지역 청년들로 가득 차 있었고, 저마다 커피 한 잔을 앞에 놓고 장기를 두거나 담배를 피우면서 한가로운 오후를 즐기고 있었다.

달랏의 흔한 로컬 카페

핀드립으로 추출 중인 커피

카페에서 장기를 두고 있는 베트남 청년들

나 역시 자리를 차지하고 아이스 핀드립 커피 한 잔을 주문했다. 추출이 끝난 커피 원액은 마치 참기름을 한 방울 넣은 진한 간장처럼 기름지고 검디검었다. 여기에 연유를 듬뿍 넣고 스푼으로 휘휘 저으니 비로소 우리나라 인스턴트커피와 비슷한 색상이 되었다. 이것을 얼음 컵에 붓고 단숨에 마시자 무더위로 지치고 처진 몸이 카페인과 연유의 단맛 때문에 정신이 바짝 들고 순간 힘이 났다.

베트남은 브라질에 이어 세계 제2위의 커피 생산지이지만, 그 생산량의 90퍼센트 이상이 로부스타 종인 관계로 우리나라의 일반 카페에서 만나기는 쉽지 않다. 그러나 우리는 인스턴트커피와 RTDReady To Drink커피를 통해 알게 모르게 매일 베트남 커피를 접하고 있다. 베트남 커피는 품종 자체 탓도 있지만, 특유의 강볶음한 원두 때문에 커피 본연의 맛을 음미하기에는 부족함이 많다.

그럼에도 독하게 쓴 커피에 달달한 연유를 듬뿍 넣어 마시는 베트남 특유의 커피 문화는 다른 어느 곳에서도 볼 수 없는 생생한 추억으로 남아 있다.

오스트리아, 빈의 카페

오스트리아 하면 가장 먼저 떠오르는 것은 의심할 여지없이 음악이다. 모차르트, 베토벤, 요한 슈트라우스, 브람스 등 시대를 초월해 사랑

받는 세계적인 음악가를 키워낸 나라가 바로 오스트리아다. 그런데 이곳이 유럽 커피의 본산지라는 것을 아는 사람은 별로 없는 듯하다. 300년이 넘는 카페 역사를 자랑하는 오스트리아, 특히 수도 빈은 커피에 대한 자부심이 대단하다.

그 위상에 맞게 빈 도심의 어느 카페를 가든 좋은 분위기와 보통 이상의 맛을 보장받는다. 빈에는 음악과 커피 모두를 만족시킬 수 있는 음악 카페가 꽤 있다. 그 가운데 '카페 슈바르젠베르크'는 1861년에 개점해 지금까지 160년이 넘는 역사를 자랑하는 명실상부 빈을 대표하는 카페라 할 만하다.

살을 에는 듯한 1월 한겨울의 칼바람을 맞고 모차르트가 영면해 있는 중앙묘지를 다녀온 터라 온몸이 꽁꽁 얼어 있었다. 카페 실내는 난방이 잘되고 따뜻한 조명과 안락한 의자 덕분에 포근하고 편안했다. 메뉴를 보니 다양한 종류의 커피뿐 아니라 간단한 식사와 와인 또한 준비되어 있었다.

저녁식사 전이라 허기도 지고 단것이 생각나 아인스패너Einspanner 한 잔을 주문했다. 우리가 비엔나커피라고 부르는 이 커피는 빈의 어느 카페를 가도 그 이름을 찾을 수 없다. 마치 네덜란드 암스테르담에 가서 더치커피를 찾는 것과 같다. 대신 아인스패너라는 커피가 우리가 알고 있는 비엔나커피와 유사하다. 볼이 넓은 흰색 잔에 에스프레소 도피오를 붓고 휘핑크림을 올린 후 초콜릿 조각으로 마무리한 커피다. 얼핏 보면 에스프레소 콘파냐와 비슷하나 상대적으로 양이 많고 초콜릿 조각

초콜릿을 토핑한 아인스패너

유구한 역사를 자랑하는 카페 슈바르젠베르크

을 올렸다는 점에서 차이가 있었다. 간혹 에스프레소에 우유를 넣고 그 위에 휘핑크림을 올린 후 초콜릿 조각으로 마무리하기도 한다. 잔에 입을 대고 흐흡, 소리를 내며 커피 한 모금을 입술로 당겼다. 휘핑크림을 통과한 에스프레소의 강하고 달달한 맛과 향이 입안 가득 찼다. 찬 몸에 따뜻한 커피가 들어가서인지 카페인이 모세혈관을 타고 온몸 구석구석 퍼져나가는 듯했다.

카페 한쪽 구석에서는 음악의 도시답게 수준급의 남자 바이올리니스트와 여자 피아니스트가 협연을 하고 있었다. 바이올린 연주자의 익살스런 표정과 흥에 겨운 연주가 커피 마시는 재미를 한층 더했다. 테이블 위에 놓인 작은 팁 상자에 2유로 동전 하나를 넣으니 그는 환한 미소로 눈인사를 건넸다.

스타벅스 커피 가격으로 맛있는 커피는 물론 안락한 의자에서 고풍스러운 분위기를 즐길 수 있는데다 수준급의 음악도 감상할 수 있는 이곳은 긴 여독에 지친 심신을 위로할 수 있는, 오랜 가뭄 뒤에 찾아온 반가운 단비와 같았다.

모로코, 페스의 카페

서북 아프리카 끝에 위치한 이슬람 국가 모로코. 이 나라를 대표하는 도시는 카사블랑카, 마라케시, 에사우이라, 페스 등이다. 그 가운데 페스Fez는 모로코 천년의 오랜 역사와 전통이 살아 숨쉬는 곳이다.

페스를 대표하는 것은 널리 알려진 바와 같이 천연가죽 무두질 공장인 탄네리와 뜨거운 물에 신선한 민트 잎을 가득 우려낸 후 설탕을 듬뿍 넣어 마시는 박하차다. 나는 여기에 한 가지 더, 페스의 카페를 추가하고 싶다.

단, 커피 맛은 기대하지 말아야 한다. 페스의 카페를 추천하는 것은 맛이 아니라 어디를 가든 만나게 되는 독특한 풍경 때문이다. 카페의 손님들이 하나같이 밖을 향해 앉아 있는 모습은 세계 어디에서도 볼 수 없었던 생경한 광경이었다.

그들은 왜 서로 마주 보지 않고 카페 밖을 향해 앉아 있을까. 무슨 특별한 이유라도 있을까 싶어 물어보니 그저 지나가는 사람을 보기 위해서라는 조금 허탈한 답변이 돌아왔다. 그게 무슨 큰 재미가 있을까 의심 반 기대 반으로 따라해보니 처음엔 지루하고 무미건조했지만, 시간이 흐르다 보니 지나가는 사람들의 얼굴과 옷맵시 그리고 걸음걸이를 관찰하는 재미가 꽤 쏠쏠했다.

모로코의 커피 맛은 기대할 게 못 된다. 이 역시 눈으로 마시는 커피라고 해야 정확한 것 같다. 페스뿐 아니라 모로코 도시 전역의 카페는 대부분이 우리가 흔히 보는 현대식 에스프레소 머신이 아니라 오래된 레버형 수동식 에스프레소 머신을 쓰고 있다. 머리 희끗희끗한 카페 주인이 포터필터에 커피 가루를 담고 그룹에 장착한 후 손으로 레버를 내려

카페 밖을 향해 앉아 있는 사람들

커피를 만드는 노년의 바리스타

STEP 1

커피를 추출하는 모습은 맛을 떠나 그 행위만으로도 멋스럽다.

그러나 볶은 지 오래된 원두를 적절하지 않은 굵기로 분쇄해 추출해서인지 쓰기만 할 뿐 기대했던 크레마와 에스프레소 특유의 풍부한 향은 찾아볼 수 없었다. 그렇다고 실망할 필요는 없다. 이 카페에 있어야 할 이유 두 가지만으로도 만족할 테니까. 시장통을 지나가는 사람들을 보는 재미와 노년의 카페 주인이 멋스럽게 커피를 추출하는 모습 말이다.

칠레, 산티아고의 카페

칠레를 떠올리면 가장 기억에 남는 것은 체 게바라가 인간에 대한 애정과 인류애를 느꼈다는 아타카마 사막도 아니고, 기가 막힌 비경을 간직한 토레스델파이네산도 아니다. 그저 도심에서 만난 평범한 카페다. 그리고 환한 웃음과 활기찬 서비스로 카페를 가득 채우는 직원들이다.

산티아고 도심 중앙에 위치한 '카페 카리브'는 여느 카페와 다른 몇 가지 독특한 점이 있다. 카페 출입구에서 주문과 동시에 계산을 마치면 계산원은 출력된 주문서를 고객에게 건넨다. 그 주문서를 다시 직원에게 건네면 잠시 후 직원이 바리스타가 추출한 커피를 고객에게 가져다준다.

재미있는 것은 고객의 대부분이 남자라는 점이다. 왜 그러한가는 직원의 매력적인 풍만한 몸에 달라붙는 카리브 바다색을 닮은 짧은 파란색 원피스에서 짐작할 수 있다. 처음 이곳에 들어설 때만 해도 어디에

카페 카리브

카페 카리브의 커피 바

손님과 대화 중인 카페 카리브 직원

시선을 뒤야 할지 민망했던 것이 사실이었다. 그러나 고객과 직원 간의 화기애애하고 자유로운 분위기에 익숙해지면서 그녀들의 옷차림과 행동이 달리 보였다. 그들은 멋스러웠다.

에스프레소를 주문했다. 가찌아 3그룹 머신은 그 위용에 걸맞게 힘차게 우웅 소리를 내며 커피를 뽑아냈다. 레디시 브라운의 크레마를 머리에 이고 있는 에스프레소가 서빙되었다. 그 모양새만으로도 커피는 충분히 맛있어 보였다. 아니나 다를까 입안 가득 퍼지며 코를 간질이는 풍부한 아로마와 혀를 건너 목젖을 타고 내려가는 커피의 풍미는 더 이상 말이 필요 없었다.

산티아고에 머무르는 나흘 동안 하루도 거르지 않고 카페 카리브를 찾았다. 사흘째 되니 홀에서 서빙을 하는 직원도 나를 알아봤다. 다른 고객들이 카페를 나설 때는 포옹과 볼 키스로 인사를 나누면서 왜 나한테는 하지 않는지 궁금하고 한편으로 섭섭했다. 산티아고를 떠나 다른 도시로 간다고 하니 그제야 내게도 작별 인사를 건넸다.

비록 짧은 순간이지만, 헤어질 때 건네는 볼 키스와 포옹은 팍팍한 도시 일상에 지치고 무료해진 고객들에게 인간 비타민과 같은 삶의 활력소였다. 한국에도 프리허그가 유행인 때가 있었다. 1년 중 하루는 카페에서 '프리허그데이'를 하면 어떨까 싶다가도 문화적 차이와 진정성에 대한 오해 때문에 용기를 못 내는 점은 아쉬움으로 남는다.

세계의
커피 농장들

COFFEE
TRAVEL

커피는 적도를 기준으로 커피벨트라고 불리는 남·북회귀선(23.27도) 사이에서 자라는 독특한 농산물이다. 우리나라는 북위 33~43도에 위치해 있어 기후상 커피가 자라기에 적합하지 않다. 강릉이나 제주도의 커피는 온실에서 사람의 살뜰한 보살핌 속에 자라는 것으로 여기서 말하는 노지 커피를 의미하지 않는다. 현재 우리나라의 일부 커피 선각자들이 코라비카(코리아 아라비카의 줄임말)를 꿈꾸며 한국의 기후에 맞는 품종 개량에 힘쓰고 있지만, 아직까지는 요원한 이야기로 커피 관련 관광 상품 정도에 머무르고 있는 것이 현실이다.

현재 한국에서 커피 관련 산업에 종사하는 사람들 가운데 대다수는 커피 산지를 다녀오지 않았다. 커피가 어떻게 자라는지 책을 통해 알 수 있겠지만, 직접 보고 체험하지 않고는 한 알의 커피가 얼마나 소중한지 깨달을 수 없을 것이다. 내가 커피 농장을 찾아서 전 세계를 헤맨 이유 또한 크게 다르지 않다. 쌀장사를 하는 사람이 벼농사 지역에 한 번도 가보지 않았다면, 쌀에 대해서 안다고 할 수 있을까. 쌀을 생산하는 농부의 마음을 이해할 수 있을까.

커피 관련 산업에서 일하지 않더라도 커피를 정말 사랑하는 사람이라면, 커피 산지에 한번 가보기를 추천하고 싶다. 우리가 마시는 한 잔의 커피가 각자에게 어떤 의미가 있는지 모르지만, 그곳을 다녀온 후에 커피를 대하는 마음은 이전과는 분명 달라져 있을 것이다. 벼농사 지역에서 지은 밥이 더 맛있는 것처럼, 커피 농장에서 최근 수확한 커피로 내린 커피 한 잔이란 상상하는 그 이상의 맛과 분위기를 선사할 것이다. 더욱이 눈앞에서 '커피 세리머니'라도 펼쳐진다면, 그 어떤 의식보다 경건함과 황홀함을 느낄 수 있을 것이다.

한국에서 커피 공부를 하면서 항상 내 머릿속을 떠나지 않은 생각은 '뭔가 부족하다'였다. 커피를 일생의 업으로 삼겠다 했으면서 정작 '커피가 어떻게 자라는지, 그곳의 환경과 분위기는 어떠한지' 눈으로 보지 못했다는 것은 말이 되지 않았다. 그래서 세계 여행의 가장 큰 목적은 전 세계 커피 농장을 내 두 발로 찾아가 보고 경험하자는 것이었다. 그러나 당시 커피 농장에 대한 정보는 인터넷뿐 아니라 그 어느 커피 책에서도 찾아보기 어려웠다. 결국 스스로 물어물어 찾아가는 수밖에 없었다. 커피 농장은 지리적으로 도심으로부터 적게는 다섯 시간, 많게는 열 시간 이상 떨어져 있어 접근하기가 녹록하지 않았다. 쉽게 속살을 보여주지 않는 만큼 세계 각 지역의 커피 농장은 저마다 독특한 자연환경과 특징을 가지고 있어 지역마다 보는 재미가 있었으며 그만큼 고생한 보람이 있었다

베트남 달랏의 커피 농장

베트남이 부동의 세계 2위 커피 생산국이라는 것을 알고 있는 사람은 많지 않다. 그도 그럴 것이 이름난 핸드드립커피 전문점에 가도 베트남 커피는 찾아보기 어렵다. 베트남에서 생산하는 커피 가운데 90퍼센트 이상은 로부스타 종으로, 우리에게 친숙한 아라비카 종과는 달리 쓴맛이 더 강하고 카페인 함량이 높아 대부분 인스턴트커피 재료나 에스프레소 블렌딩용으로 쓰인다. 이런 이유 때문에 우리나라에서 수입하는 생두 가운데 베트남 커피가 1위를 달리고 있음에도 소비자들에게는 익숙하지 않은 것이다.

내가 방문한 커피 농장은 베트남의 대표적인 휴양지이자 남부 고원지대인 달랏에 위치해 있었다. 베트남 커피는 19세기 중후반 프랑스 선교사들에 의해 전해졌으며, 베트남 전쟁 이후 국가 중요 산업으로 정해지면서 비약적인 발전을 거듭해 현재에 이르고 있다. 다만 아쉬운 것은 품종이 주로 로부스타 종이고 일부 아라비카 종조차도 그 맛과 향이 다른 커피 산지에 비해 떨어진다는 점이다. 내가 방문한 농장들은 해발 800~1,000m에 위치해 있어 로부스타 종과 아라비카 종을 함께 관찰할 수 있었다.

그 가운데 한 농장은 가운데에 난 길을 기준으로 좌측엔 로부스타 종을 우측엔 아라비카 종을 재배하고 있어 독특한 광경을 선사했다. 로부스타 종의 특징은 아라비카 종에 비해 잎이 넓고 크다는 것인데, 실제

갓 수확한 생두와 건조가 끝난 생두의 단계별 변화(왼쪽→오른쪽)

태양빛에 건조 중인 생두

STEP 1

우물을 파고 있는 커피 농장의 직원들

로부스타 농장(왼쪽), 아라비카 농장(오른쪽)

로 나무만을 보고 두 종류의 커피를 구분하기는 쉽지 않았다. 다만, 로부스타 종보다는 아라비카 종을 키우는 토양이 더 비옥하고 선명했다.

　　일을 하고 있는 직원들을 보면서 수확한 생두를 잘못 구분해놓으면 어떡하나 걱정이 되었다. 나의 걱정 어린 궁금증은 가이드의 설명으로 단칼에 해결되었는데, 농장에서는 그런 실수를 막기 위해 수확 날짜를 달리한다고 했다. 전날 로부스타를 수확했다면, 다음 날 아라비카를 수확하는 식이다.

인도네시아의 커피 농장

　　인도네시아 하면 가장 먼저 떠오르는 것은 언제나 자바 커피다. 세계에서 커피 생산량 4, 5위를 달리는 인도네시아. 내가 이 나라를 방문한 이유는 오직 한 가지, 자바 커피를 만나기 위해서였다. 인도네시아의 자바 섬 동쪽 끝, 이젠에 위치한 커피 농장의 이름은 '아라비카Arabika'였다. 아라비카 종만 생산하기 때문인지 이름이 너무 단순하다는 생각이 들었다. 사과를 생산하는 과수원 이름을 품종 이름을 따 '홍옥'이라고 하는 것과 다를 게 없지 않은가.

　　다른 나라의 커피 농장과 달리 이곳에는 농장 안에 마을과 초등학교가 조성되어 있었다. 커피 수확기가 아닌 9월 말부터 이듬해 5월 말까지는 딸기 농사를 지어 농가 소득을 올리고 있는 것 또한 독특한 풍경이었다. 이제 막 수업을 마친 아이들은 낯선 이의 등장에 반가워하면서 사

생두를 선별 중인 농장 직원들

커피 농장의 소녀들

커피와 가까워지는 시간

잘 익은 커피 열매

커피 꽃

진을 찍어달라고 포즈를 취했는데 하나같이 포토제닉 감이었다. 그들의 순수하고 해맑은 얼굴과 표정은 커피 농장을 찾아 14개월째 세상 속을 헤매느라 지칠 대로 지친 배낭여행자에게 위로가 되었다.

해발 1,500m에 위치한 커피 농장은 개인 소유가 아닌 국영 농장으로 농장 사무실에 공무원이 파견 나와 모든 공정을 지휘 감독하고 있었다. 그래서 수확한 커피를 세척하고 선별하는 과정을 사진으로 담기 위해서는 담당 공무원으로부터 허가를 받아야만 했다. 이유인즉 자기네만의 커피 공정 노하우가 외부로 유출되는 것을 막기 위함이라고 했다. 실제로 사진을 찍는 내내 그들은 내 곁을 떠나지 않고 나를 주시했다. 아마그는 내가 한국에 커피 농장이라도 세우는 줄 알았나 보다.

탄자니아의 커피 농장

"당신은 왜 탄자니아에 갑니까?"라는 질문을 받는다면, 일반적으로 세 가지 대답이 나올 것이다. 첫 번째는 명실상부한 아프리카 최고봉最高峯이며, 만년설을 머리에 이고 있는 킬리만자로산에 오르기 위해서일 것이다. 두 번째는 아프리카 야생동물의 낙원 중 하나인 응고롱고로 분화구에 가서 사륜구동차를 타고 야생동물을 쫓는 게임드라이브를 하기 위해서일 것이다. 세 번째는 잔지바르섬에 가서 망중한을 즐기기 위해서라는 답이 나올 것이라 예상한다. 여기에 "커피를 만나러 갑니다"라는

잔지바르 해변

응고롱고로의 사자들

전기 펜스로 둘러싸인 커피 농장

대답을 추가하고 싶다.

나 역시 탄자니아에 갔을 때 응고롱고로와 잔지바르에 다녀왔다. 커피 농장은 응고롱고로를 가는 길에 있었다. 그런데 흥미로운 사실은 커피 농장 전체에 전기 펜스가 둘리어 있다는 것이었다. 커피 농장에 왜 전기 펜스가 있을까? 가이드의 말에 따르면, 동물과 사람 때문이라고 했다. 전기 펜스가 없으면, 동물들이 커피 농장에 들어가 잘 여문 열매를 먹어 치워 농사를 망치고, 밤이 되면 사람들이 몰래 커피 열매를 따간다는 것이었다.

아프리카에서 커피만큼 좋은 환금 작물은 흔하지 않기 때문에 그만큼 소중하게 생각하고 있었다. 안타까운 사실 하나는 이 커피 농장뿐 아니라 이 지역 커피 농장의 상당수가 서양 자본의 소유라는 것이었다. 이 지역의 사람들은 노동력만을 제공하고 커피 농장의 수익은 대부분 유럽 등지로 빠져나간다고 했다.

전기 펜스 또한 서양 자본이 아프리카 주민과 동물로부터 자신들의 재산을 지키기 위해 설치한 무시무시한 장벽인 셈이었다. 실제로 전기 펜스 때문에 아이들이 감전사고를 당해 큰 부상을 입거나 야생동물들이 죽는다고 했다. 가져가면 얼마나 가져간다고. 커피 농장의 커피나무가 동물원에 유폐된 동물처럼 느껴졌다.

콜롬비아의 커피 농장

현재 커피 종주국은 어디일까? 커피는 서기 7세기 에티오피아에서 발견되었지만, 오늘날 커피를 대표하는 나라는 콜롬비아가 아닐까 싶다. 내가 콜롬비아를 찾은 이유 또한 세계 최고의 커피를 만나기 위해서였다. 콜롬비아는 브라질과 베트남에 이어 부동의 세계 3위 커피 생산국이다. 생산량은 3위지만, 품질 좋은 커피로 따지자면 세계 1위 커피 대국이다.

콜롬비아에서 생산한 수출용 커피는 생두의 크기에 따라 엑셀소, 수프레모 두 가지 등급으로 나뉜다. 즉 생두 크기가 14~16스크린사이즈(1Sc.=1/64inch)인 것은 엑셀소, 스크린사이즈가 17 이상인 것은 수프레모라고 불린다. 그래서 생두 또한 엑셀소보다 수프레모가 높은 가격을 받는다. 구입한 커피 이름이 '콜롬비아 수프레모 우일라'라면, 콜롬비아 우일라 지역에서 생산한 수프레모급 커피라는 의미다.

산타페데보고타에 있을 때 같은 숙소에 머물던 여행객들은 내가 커피 농장에 가려고 한다니까 왜 가냐고 되물었다. 커피 농장에 커피밖에 더 있냐면서. 틀린 말은 아니나 나는 커피 농장에 가서 커피뿐 아니라 농장의 지리적 조건, 농장을 터전으로 살아가는 사람들, 그리고 그 주변 환경 등을 직접 보고 느끼고 싶었다. 이 모든 것을 만족시켜주는 곳이 콜롬비아였다.

내가 방문한 농장은 마니살레스 지방의 친치나에 위치해 있어 수도인 산타페데보고타로부터 버스로 열 시간가량을 달려서야 겨우 만날 수 있었다. 어렵게 도착한 만큼 그곳은 커피나무가 자라기에 천혜의 조건을 갖추고 있었다. 해발 1,300~1,400m로 최고 품질의 아라비카 종이 자라기에 적합한 고도였으며, 하루 서너 시간을 제외하고는 구름을 이고 있어 강한 태양을 피할 수 있었다. 더욱이 평균 기온이 섭씨 15~21도로 항시 우리나라의 가을 날씨 같아 커피가 자리기에 더없이 좋은 환경을 갖추고 있었다. 여기에 연간 1,500~2,000mm의 강수량까지, 커피 재배의 교과서 같은 곳이었다. 언덕 위에서 바라본 커피 농장의 전경은 마치 세상을 온통 녹색 물감으로 칠한 듯했으며, 공기는 맑고 깨끗했고, 간간이 불어오는 바람은 이곳이 커피 신선이 사는 곳인가 착각하게 만들었다.

여행이 끝난 후에도 1년에 한 번 정도 커피 농장을 찾는다. 농장에 가면 커피를 시작했을 때의 초심을 다시 찾을 수 있고, 앞으로 어떻게 해야 하는지 방향을 잡는 데 아이디어를 얻을 수 있다. 그뿐 아니다. 커피 농장 대부분은 해발 1,000m 이상에 위치하고 있어 사시사철 서늘하고 맑고 깨끗하기 때문에 휴양지로도 그만이다. 평소 읽고 싶은 책 몇 권 들고 흔들의자에 앉아 맛있고 향기로운 커피 한 잔과 함께한다면, 세상에 그보다 더 큰 호사도 없을 것이다.

커피 농장 전경

커피나무 모종

커피 농장 내에 위치한 직원 숙소

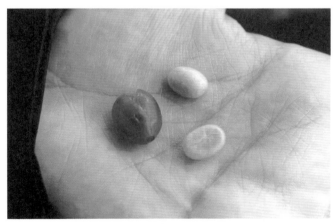

커피 열매와 생두

COFFEE
START

동네 카페를 엽니다

STEP
2

신수동 뒷골목의
커피 꼬모

2010년 7월, 14개월간의 세계 여행을 마친 후 카페 창업을 준비하면서 지역과 장소에 대한 고민을 시작했다. 그동안 쌓은 인간관계와 앞으로 하고 싶은 커피와 여행 관련 강의, 방송, 저술 활동 등을 고려하면 서울로 가는 것이 옳았다. 하지만, 아내가 대구에서 살고 싶어 했기 때문에 내 임의로 결정을 하기가 쉽지 않았다. 결국 우리는 6개월간 주말부부로 지내기로 하고, 서울에서 카페를 운영하기로 결정했다.

사람은 익숙한 공간을 벗어나기 어렵다는 것을 카페 위치를 정하면서 다시 한번 느꼈다. 마포구와 서대문구는 결혼을 하기 전까지 10년 가까이 산 곳이다. 무의식적으로 이 두 곳을 중심으로 카페 자리를 찾아다녔다. 마포구와 서대문구의 대표적인 상업지구인 홍대와 신촌은 가지고 있는 예산으로는 권리금조차 감당하기도 어려워 후보지에서 제외했다. 부동산을 찾아다니면서 요구했던 조건은 건물 1층에 전용 면적이 10~15평이면서 권리금이 없어야 하며, 보증금 1천만 원에 월세가 1백만

커피 꼬모 전경

원 미만이어야 한다는 것이었다. 지금 생각해도 부동산 시장에 무지한 정말 터무니없는 요구였다.

마포구의 한 부동산에서 연락이 왔다. 평수는 조금 작지만, 신축 건물로 권리금이 없고 아파트 앞에 있어 괜찮은 곳을 소개해주었다. 마포구 신수동에 위치한 새 건물로, 1층은 상가였고 2층부터 4층까지는 원룸과 투룸이 있었다. 준공한 이래 1층은 세입자를 찾지 못해 3개월째 비어 있다고 했다. 두 면이 통유리로 되어 있었으며, 상가만을 위한 화장실이 따로 있었다. 앞쪽 통유리 앞에 나무테라스를 만들 수도 있었다. 문제는 이면도로에 접해 있다는 것과 전용 면적이 10평에 불과하다는 것이었다. 좁다는 점이 무엇보다 마음에 걸렸다.

그곳을 방문한 시각이 오후 2시쯤이었는데, 햇빛이 앞쪽 통유리를 통해 상가 안쪽까지 따스하게 비추고 있었다. 엄마 품처럼 포근했으며, 따뜻했다. 여기에 있으면 적어도 우울증은 걸리지 않겠구나 싶었다. 하지만 이면도로에 접해 있고, 유동인구도 많지 않았다. 그러나 커피가 맛있으면 고객은 반드시 찾아온다는 믿음이 있었다.

상가와 아파트를 나누는 길의 이름이 '큰 뜻 1길'이었다. 작은 뜻도 아니고 큰 뜻, 2길도 아니고 1길이었다. '그래, 여기서 시작하자.' 커피에 대해 큰 뜻을 품고 볕이 따스히 드는 큰 뜻 1길 앞에서 첫 삽을 뜨기로 결정했다. 그 자리에서 권리금 없이 보증금 1천만 원에 월세 77만 원 조건으로 2년간 임대차 계약에 사인을 했다.

커피 전문점 창업을 위해서는 관할 구청과 세무서에서 영업신고증과 사업자등록증을 발급받아야 했다. 영업신고증의 경우 부동산임대차계약서, 위생교육증, 보건증이라고 불리는 건강진단결과서가 필요했다. 위생교육증을 받기 위해서는 한국휴게음식업중앙회에서 실시하는 위생교육을 여섯 시간 동안 이수해야만 했다. 대부분 상식선에서 알고 있는 것이었지만, 고객에게 음식을 서비스하는 사람이라면 한 번쯤 들어두면 좋은 유익한 내용이었다.

건강진단결과서는 관할 구청 보건소에서 소변 검사, 가슴 엑스레이, 대변 검사를 한 후 3~4일이 지나 받을 수 있었다. 영업신고증과 부동산임대차계약서 그리고 신분증을 지참한 후 관할 세무서에 가니 그 자리에서 사업자등록증이 나왔다. 드디어 작지만 내 이름으로 된 사업장을 갖게 된 것이다.

내부 인테리어는 직접 디자인하고 작업은 목수에게 맡겨서 해결했다. 무엇보다 비용을 최대한 줄이기 위함이었고, 내 스스로 해결하고 싶은 욕심도 한몫했다. 주문한 에스프레소 머신, 로스터기, 커피잔 등 커피 관련 용품이 속속들이 도착했다. 어느덧 매장은 어엿한 카페의 모습을 갖추게 되었다. 함께 작업한 목수 중 한 분이 개업 전이나 신규 매장만을 노리는 전문털이범이 있다면서 주의를 당부했다. 무인경비시스템을 설치하려고 업체에 연락을 하니 작업 스케줄이 이틀 후에나 잡혔다. 하는 수 없이 이틀 밤을 매장 안에서 요가 매트를 깔고 보냈다. 밤에 누워 있자니 생각이 많아졌다. 아무리 힘들어도 커피를 향한 초심을 잃지 말자고 스스로 다짐했다.

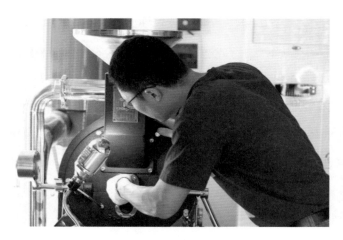

커피를 볶고 있는 저자

　　생두를 주문하고 로스팅을 연습했다. 에스프레소용으로 콜롬비아 수프레모 우일라, 브라질 산토스, 케냐AA를 블렌딩 후 로스팅했다. 중강 볶음 정도인 풀시티를 목표로 로스팅했는데, 여러 번의 시행착오 끝에 그럭저럭 쓸 만한 원두가 완성되었다. 실패를 하더라도 바로 버리지 않고 커핑을 해서 꼭 맛을 봤다. 잘못된 로스팅 결과물 또한 공부라고 생각했기 때문이다. 블렌딩 후 로스팅하는 것보다는 각각의 생두를 그 특성에 맞게 로스팅한 후 블렌딩하는 것이 맛이 더 좋았다. 지금까지도 이 원칙을 지키고 있다.

　　직접 로스팅한 원두로 커피 추출을 해보았다. 첫 잔의 느낌을 아직도 잊을 수 없다. 그 맛의 좋고 나쁨 때문이 아니라 첫사랑이 기억에 오래 남는 것과 같다. 에스프레소, 카페라테, 카푸치노를 연습하는데 우유 스티밍이 예전처럼 되지 않았다. 젖소 한 마리를 다시 잡아야 하나. 우유를 쌓아놓고 수백 번을 넘게 우유 스티밍과 라테 아트를 연습했다. 벨벳 밀크에는 미치지 못하지만, 곱고 풍성한 우유 거품이 완성되어갔다. 하트와 로제타 등 라테 아트 또한 모양을 잡아갔다. 이 정도면 고객에게 내놔도 되겠다 싶었다. 적어도 내가 마셔서 맛없는 커피는 내놓지 말자는 원칙을 세웠다.

2010년 9월 16일, 귀국 후 쉼 없이 달린 결과 약 두 달 만에 임차보증금을 포함해 총 7천여 만 원을 들여 로스터리 커피 전문점을 열게 되었다. 카페 이름은 내가 세상에서 가장 사랑하는 고양이의 이름을 따서 '커피 꼬모'라고 지었다. 꼬모는 조지 클루니와 베르사체의 별장이 있는 이탈리아의 아름다운 호수마을의 이름이기도 하다.

건물주가
아닙니다

세대수가 250여 세대밖에 되지 않는 아파트 후문에 어느 날 갑자기 카페가 생기자 동네 사람들은 '아니 왜 이 골목까지 들어와서 커피 장사를 하는 것일까' 궁금해했다. 전용 면적이 10평밖에 되지 않는 작은 카페 안에는 중대형 로스터기가 한쪽 자리를 차지했고, 번쩍번쩍하는 달라코르테 2그룹 에스프레소 머신은 매장을 더욱 빛나게 했다. 이것은 어디까지나 내 생각이었다. 사람들은 들어오지는 않고 지나가면서 호기심 어린 눈으로 쳐다보기만 했다.

2010년 9월 17일, 오전 10시경 첫 손님이 들어왔다.

"안녕하세요."

"여기 커피 파는 데 맞나요?"

"네, 맞습니다. 무엇을 드릴까요?"

"따뜻한 아메리카노 한 잔 주세요. 저는 개인 공방인 줄 알았어요."

"개인 공방이요? 아닙니다. 카페입니다. 자주 찾아주세요."

나중에 단골손님이 된 분들에게 들은 것인데, 커피 꼬모는 카페가 아니라 개인 작업 공간이나 커피를 가르치고 연구하는 곳처럼 보인다는 것이다. 그래서 사람들이 처음에는 들어오기가 망설여진다고 했다. 더구나 주인의 인상이 강해서 여성들은 안에 들어와서도 말을 꺼내기 쉽지 않다고 했다. 내가 유들유들한 이미지가 아니라는 것을 알고는 있었지만, 그 정도일 줄은 상상도 못했다. 부드러운 느낌을 주려고 노력했으나, 오히려 그 모습이 더 어색해고 이상했다. 그래서 지금도 고객에게 정중하고 깍듯한 태도만을 견지하고 있다.

개업 후 한 달쯤 지났을 때, 카페 출입문에 안내문구를 붙였다.

> 2010년 10월 19일부터 24일까지 인도네시아 커피 농장 출장 관계로 문을 닫습니다. 불편을 드려 죄송합니다.
>
> 커피 꼬모 올림.

커피 농장을 체험하고 싶은 바리스타, 카페 오너, 커피에 관심이 있는 일반인 등 14명을 인솔해 인도네시아 커피 농장에 다녀온 것이다. 그 당시 내가 할 일을 했다고 생각했다. 그리고 앞으로도 여전히 하고 싶은 일 중 하나다.

출장을 다녀와서 카페 문을 열었는데, 손님들의 시선이 이상했다. 마치 그들은 "당신 뭐 하는 분이에요?"라고 묻는 듯했다. 용기 있는 고객들 중 한 분은 개업한 지 얼마나 됐다고 장사는 하지 않고 커피 농장에 다녀왔느냐고 묻기도 했다.

그 가운데 한 분의 질문은 이랬다.

"사장님, 건물주세요?"

"아닌데요."

"그런데 왜 여기에 카페를 여셨어요? 카페는 왜 닫으셨고요?"

"이 자리가 마음에 들어서 그랬고요. 인도네시아 커피 농장에 다녀오느라 그랬습니다. 불편을 드려 죄송합니다."

"그러니까요. 장사에는 관심이 없는 분 같아서요."

요즘도 처음 온 고객 중 동일한 질문을 하는 사람이 있다.

"사장님이 건물주세요?"

그렇다고 성실하지 않게 영업한 것은 아니었다. 개업 당시 아침 7시부터 저녁 10시까지 열다섯 시간 동안 가게문을 열었다.

개업 때부터 지금까지 변함없이 고객으로부터 받는 오해 세 가지가 있다.

'싱글이냐' '부잣집 도령이냐(건물주)' '카페 말고 다른 일을 또 하느냐'가 그것이다. 혼자가 아니고서야 그렇게 많은 나라를 여행할 수 없다고 생각한 모양이다. 또한 아내가 카페에 나오지 않아 싱글로 보였던 것 같다. 한 번은 중매를 서고 싶다고 찾아온 분도 있었다. 건물주에 대한 오해는 카페가 있을 만한 자리가 아닌 곳에 위치하고 있어서 생겨난 것 같다. 고객이 볼 때 한적한 곳에 위치한 이 작은 카페로는 아이 딸린 가장이 생계를 유지하기 어렵다고 생각하는 것이다. 물론 창업 초기에는 카페에서 나오는 수익만으로 가족이 생활하기 어려웠다. 그러나 지금은

3인 가족이 사는 데 궁색하지 않을 정도로 매출을 올리고 있다.

　　건물주로 보여서 손해 보는 것도 있다. 고객 중 한 분이 말하길, 경제적으로 넉넉한 사람이 자기 건물 1층에서 취미활동을 한다고 생각해 굳이 팔아주고 싶은 마음이 들지 않는다는 것이었다. 다행히 커피 맛을 보고는 "여기 커피는 깔끔하고 맛있다"며 다시 찾고는 한다.

고독과의
싸움

COFFEE
START

처음 카페를 열 때만 해도 하루 100잔은 판매가 가능할 거라고 예상했었다. 그러나 내 기대는 보기 좋게 빗나갔다. 어느 날은 하루 열두 시간 이상 영업을 했는데, 20잔을 못 파는 날도 있었다. 점심시간에만 반짝 손님이 오고, 오후 2시부터 6시까지 네 시간 동안 단 한 사람의 손님도 오지 않은 날도 있었다. 손님이 없으니 할 일이 없었고, 고독이 찾아왔다. 매장 안으로 따스한 햇볕은 들어왔지만, 마음은 어둡고 우울했다. 카페 앞을 지나가는 사람들은 매장을 힐끗 쳐다보고는 그냥 지나쳐갔다. 이런 곳에서 아르바이트를 한다면 할 일이 없어 편할 수도 있지만, 그것도 하루이틀이지 늘 그렇다면 지겹고 심심해서 견딜 수 없을 것 같았다.

흔히 '개업발'이라는 것이 있다. 고객이 신장개업한 점포가 궁금해 한두 번은 가보기 때문에 한동안 장사가 잘되는 현상을 말한다. 그래서 개업발을 잘 살리면 대박집이 되지만, 그렇지 않으면 별 재미를 못 보게 된다. 커피 꼬모는 개업발이라는 것도 없었다. 직접 커피를 볶는다는 것을 제외하면 내세울 만한 특징도 없었다. 위치가 나쁜 것은 말할 것도 없고, 무엇보다 공간이 좁다는 점이 가장 큰 문제였다. 커피가 맛있다고 해서 마음먹고 찾아왔는데 자리가 없어 공걸음을 했던 고객은 다시 찾아오지 않았다. 이대로 주저앉을 수는 없었다. 대안을 마련해야만 했다.

대안으로 찾은 것이 바로 더치커피였다. 개업 때부터 있던 메뉴였는데 당시 고객들이 더치커피에 대해 잘 몰랐을 뿐 아니라 설사 더치커피를 아는 고객이 와도 내 것이 맛있다는 이미지를 심어주기에 부진했다. 우선 더치커피가 무엇인지 고객들에게 알리는 것이 중요했다. 고객이 더치커피에 대해 물어보면 시음을 할 수 있도록 했다. 한번 마셔본 고객은 카페인의 양이 적으며 구수하고 군더더기 없는 맛에 반해 다음에도 더치커피를 찾았다. 그럼에도 공간적 제약을 극복하기는 어려웠다. 더치커피를 마시러 왔다가 자리가 없으면 돌아가야 했기 때문이다. 그래서 찾은 방법이 더치커피 원액을 병에 담아 파는 것이었다.

더치커피를 하는 카페들은 더치병으로 알려져 있는 이탈리아 보르미올리사 스윙병을 사용했다. 나는 그들과 차별화하기 위해 와인처럼 더치 라벨을 디자인했고, 병 또한 375ml 불투명 와인병을 선택했다. 또한 마개 위에 뜨거운 물을 부으면 모양에 맞게 쪼그라드는 수축필름을 사용해 깔끔하게 마감을 했다. 고객들의 반응은 무척 좋았다. 선물용으로 여러 병을 사 가는 고객이 있었으며, 재고가 떨어져 빈손으로 돌아가는 고객도 있었다. 시중에 파는 1L 용량의 더치 추출기구(이하 더치 디스펜서)로는 수요를 감당할 수 없었고, 전시효과도 부족해 직접 더치 디스펜

375ml 더치커피 병

서를 만들기로 했다.

더치 디스펜서 부품은 광학상사 등에서 구입했고, 내가 디자인한 나무틀은 카페 인근의 나무 인테리어 업체에 의뢰해 완성했다. 새로 만든 더치 디스펜서는 2L짜리 5개를 횡으로 연결해놓은 것으로 이전 것에 비해 10배가 넘는 용량을 자랑했다. 그 자체만으로도 카페 인테리어 효과까지 줄 수 있어 일석이조였다. 지금도 더치커피는 카페 매출의 약 30퍼센트를 차지할 정도로 효자 메뉴다. 나는 지금까지도 더치커피의 풍미를 좋게 하기 위해 원두 블렌딩을 변화시키면서 최적의 로스팅 포인트를 찾고 있다. 또한 케냐AA와 과테말라 안티구아는 블렌딩을 하지 않고 단종으로 더치커피를 추출하고 있다. 무엇보다 중요한 것은 로스팅 전에 결점두를 골라내고, 로스팅 후에도 탄 원두를 제거하는 작업을 반드시 하는 것이다. 사소한 공정 같지만, 이 작은 차이가 맛에 큰 영향을 미친다.

손님이 없을 때마다 하는 것 몇 가지가 있다. 커피 서적을 읽거나 핸드드립 등 커피 연습을 하는 것이다. 시중에 나와 있는 커피 책 가운데는 내가 모르거나 경험하지 못한 정보가 많이 있다. 틈틈이 탐독하다 보면 그 내용은 내 것이 되고, 커피에 대한 이해 또한 높아진다. 책을 읽다가 지루해지면 핸드드립 연습을 한다. 핸드드립은 한번 배우면 끝이라고 생각하지만, 이것은 하는 사람에 따라 그 맛이 천차만별일 정도로 까다로운 추출방법이므로 연습을 게을리하면 안 된다. "하루를 연습하지 않으면 내가 알고, 이틀을 연습하지 않으면 전문가가 알고, 사흘을 연습하지 않으면 세상 모든 사람들이 안다"는 말도 있지 않은가. 필터에 따라서는 종이드립과 융드립을 하며, 종이드립은 방법에 따라 나선형드립과 동전드립을 하고 있다. 이 가운데 가장 난이도가 높은 것은 마일드한 동전드립으로 목 넘김이 부드럽고 좋으면서도 맛이 밋밋하지 않다.

다른 하나는 커피와 관련된 일을 발굴하는 것으로, 커피 강의와 바리스타 심사위원 활동, 가배무사수행기 등이 이 결과 나온 것들이다. 커피 강의는 매장 내에서 서너 사람과 시작한 핸드드립 수업에서 커피와 인문학을 접목한 강의로까지 확장되었다. 그래서 탄생한 것이 〈커피와 인문학〉이다. 커피의 역사, 커피와 근대사, 커피와 건강 등 120분 분량의 이 강의는 커피와 관련된 역사·문학·음악·미술·철학 등을 망라한다.

만들어놓으면 뭐 하나. 누가 불러주지 않으면 말짱 도루묵이었다. 손님들 가운데 커피에 관심이 있는 분들이 있어 가볍게 커피에 대해 대화를 나눌 기회가 생겼다. 대화는 어느새 30분을 넘기고 어떤 때는 그보다 더 길어졌다. 6개월 뒤 혹은 1년 뒤에 그분들이 나를 기억하고 학교나 단체 행사에 강사로 초청해 강의가 이뤄졌다. 지금까지 삼성전자, SK, LG, 포스코, 연세대, 이화여대, 시도교육청, 도서관, 문화센터 등에서 200회 이상 〈커피와 인문학〉 강의를 진행했다. 이것이 가능했던 이유가 매장이 작고, 손님이 많지 않았기 때문이었으리라 생각하니, 세상 참 아이러니하다.

아직까지 바리스타 자격증은 정부에서 공인하는 자격증은 아니다. 그래서 한국커피자격검정평가원을 비롯해 한국커피협회 등 몇 개 기관

더치커피 물방울을 조절하는 저자

〈커피와 인문학〉강의

에서 필기와 실기 시험을 합격한 예비 바리스타들에게 자격증을 부여하고 있다. 지금은 도저히 시간이 안 나서 못하고 있지만, 2년간 한국커피자격검정평가원에서 주관하는 커피 바리스타 실기 심사위원으로 활동했었다. 이 또한 우연의 산물이다.

손님이 없어 한가하던 차에 커피에 대해 인터넷으로 검색을 하다가 한국커피자격검정평가원에서 심사위원을 모집한다는 공고를 접하게 되었다. 양식에 맞춰 지원을 했고, 소정의 심사와 교육을 거쳐 심사위원으로 위촉되었다. 한 달에 한 번 정도 실기 심사에 참여하면서 누구를 평가한다기보다는 공부한다는 마음으로 임했다. 수험자의 탬핑 자세, 우유 스티밍하는 방법 등을 지켜보면서 커피 실기교육을 어떻게 해야 하는지 아이디어를 얻을 수 있었다.

어느 날 생쥐 두 마리가 우유통에 빠졌다. 한 마리는 몇 번 허우적거리다가 지쳐 포기하여 우유에 빠져 죽었지만 다른 한 마리는 사력을 다해 끝까지 허우적거린 결과 우유가 버터가 되어 살아 나올 수 있었다. 여행 중 고독한 시간을 잘 보내면 성숙한 인간으로 거듭나는 것처럼 장사 또한 손님이 없는 시간을 어떻게 활용하느냐에 따라 한 단계 앞으로 진보하거나 주저앉거나 할 것이다.

꾸준히 손님이 늘면서 고독과의 싸움은 다 옛날이야기가 되었지만, 빠듯한 일정 가운데도 여전히 나만의 시간을 가지려고 노력하고 있다.

가배무사수행을
떠나다

매장에 손님이 없을 때면, 한쪽 구석에서 간간이 팔굽혀펴기를 했다. 직원 없이 혼자 운영하는 매장인데다 아침 일찍 출근하고 밤늦게 퇴근하는 관계로 일과 중 운동할 시간을 갖기 어렵기 때문이었다. 한번은 운동 중 손님이 들어와 손님과 나 둘 다 당황했었다. 내가 알고 있는 가장 손쉬우면서 효과적인 상체 운동은 팔굽혀펴기다. 양손의 간격을 어떻게 하느냐에 따라 가슴근육을 모아줄 수도 있고, 넓게 펴줄 수도 있다. 운동 강도에 따라 삼두박근도 보기 좋게 관리할 수 있어 맨손으로 할 수 있는 운동 중에는 최고다.

사실 팔 운동과 핸드드립 간에는 깊은 상관관계가 있다. 팔심이 없으면 집중해서 핸드드립을 하기 어렵고, 손님이 몰려 여러 번 핸드드립을 해야 할 때 팔에 무리가 오기 때문이다. 이런 이유로 핸드드립을 잘하기 위해서는 팔 운동이 필수적이다.

내가 선호하고 자신 있게 내놓는 핸드드립은 칼리타 드리퍼를 사용한 마일드한 동전드립이다. 드립포트로 드리퍼에 물을 부을 때 목표하

113

는 추출량에 이를 때까지 쉼 없이 500원 동전 크기 내에서 원을 그려가며 추출을 하는 방법이다. 다른 드립법도 마찬가지지만, 이 드립법은 상당히 까다롭기 때문에 같은 커피와 기구를 사용해도 하는 사람의 숙련도에 따라 맛의 차이가 크게 난다. 따라서 연습을 게을리하면 대번 커피는 숨겨놓은 맛을 허락하지 않는다.

2012년 11월 말, 핸드드립 연습을 하다가 문득 재미있는 생각이 떠올랐다. 나의 핸드드립 실력은 어디쯤 와 있을까. 카페를 찾는 단골손님들은 내 핸드드립에 대해 찬사를 아끼지 않지만, 실력이 어느 정도인지 스스로 평가받고 싶었다. 핸드드립은 1908년 독일의 멜리타 여사로부터 시작되었으나, 이를 계승 발전시킨 것은 일본이 아니던가. 우리나라의 핸드드립도 결국 일본으로부터 온 것이다. 그렇다면 일본에 가서 핸드드립의 명장을 만나 그들의 커피를 맛보고 내 커피와 실력을 그들에게 보여주면 궁금증은 의외로 쉽게 해결될 것 같았다. 더불어 일본의 커피 문화도 엿보고 한 수 배울 수 있으니 충분히 의미 있는 도전이었다.

그런데 일본의 어디를 가고 누구를 만나야 할까. 일본 역시 커피를 서양으로부터 들여온 것이니 개항 도시인 나가사키에는 그 문화가 남아 있을 것 같았다. 찾아보니 유서 깊은 카페 몇 곳이 나왔다. 그다음엔 어디를 가지? 일본 전통문화의 진수는 어디일까. 커피는 그곳에서 분명 독특한 형태로 정착하고 발전했을 것이다. 그러다 생각난 곳이 명실상부한 일본의 옛 수도이자 역사와 전통의 도시, 교토였다. 찾아보니 아니나 다를까 교토에는 일본을 대표하는 핸드드립 카페가 몇 군데 검색되었다. 교토 다음으로는 생각할 것도 없이 일본의 수도이며 정치·경제·사회·문화의 중심, 도쿄가 생각났다. 그곳에는 전부터 가보고 싶었던 일본 최고의 핸드드립 카페 '카페 드 람브르'가 있었다.

가야 할 도시는 확정되었고, 카페 또한 어느 정도 윤곽이 잡혔다. 카페의 경우 직접 현장에 가봐야만 정확한 내용을 알 수 있을 듯했다. 결국 집을 구하고 가게를 얻는 것처럼 내가 가야 할 카페 또한 얼마나 발품을 파느냐에 달려 있었다. 문제는 끝도 없이 많았다. 그들이 나를 받아주지 않으면 어떻게 하지? 일본어를 못하는데 어떻게 의사소통을 하지? 그동안 세계 여러 나라를 여행하면서 생소한 지역과 이방인에 대한 두려움을 상당 부분 해결했다. 그들이 나를 받아주지 않더라도 좌절하지 않기로 다짐했다. 통역은 한인민박과 현지 호스텔을 이용함으로써 해결할 수 있을 듯했다. 교토와 도쿄의 한인민박에 연락하니 비용을 지불하면 연결해주겠다는 확답을 받았다. 문제는 나가사키였는데, 아무리 찾아봐도 한인민박을 구할 수 없었다. 결국 나가사키는 호스텔에서 영어를 할 줄 아는 일본인을 구해 통역 문제를 해결하는 것으로 매듭지었다.

그러다 보니 이번 커피 수행 결과를 잡지나 신문에 실어도 좋겠다는 생각이 들었다. 그때 문득 떠오른 사람은 카페 고객으로 알게 된 홍보대행 전문업체 신시아의 서경애 대표였다. 이분이라면 어떤 식으로든 도움을 줄 수 있을 것 같았다. 서경애 대표께 전화를 드리니 아이디어가 괜찮다며 간략한 계획서를 만들어 이메일로 보내라고 했다.

가배함 내부

며칠 후 어떻게 진행이 되고 있는지 궁금해 서경애 대표께 전화를 했다. 그는 기자 몇 명에게 이메일을 보냈으니 조금 더 기다려보라고 했다. 그리고 사흘 후 모르는 번호로 전화가 왔다.

"여보세요?"

"안녕하세요. 구대회 사장님이시죠? 저는 동아일보 민동용 기자입니다."

"네, 안녕하세요."

"마감 때문에 연락이 늦었습니다. 콘텐츠가 괜찮은 것 같은데, 다음 주에 뵐 수 있을까요. 제가 매장으로 찾아갈게요."

"네, 그럼 다음 주에 뵐게요. 감사합니다."

민동용 기자가 나를 찾아온 것은 이 기획이 기사로서 정말 가치가 있는지 다시 한번 확인하기 위함이었다. 그는 두 시간 반 동안 내가 추출한 여러 종류의 커피를 일일이 마셔가며, 꼼꼼히 일본 커피 수행에 관한 내 계획을 확인했다. 그는 겸손하고 따뜻했으며, 커피에 대한 애정과 식견이 높은 베테랑 기자였다.

"구 사장님, 커피가 아주 맛있는데요. 아이디어도 아주 독특하고 좋습니다."

"별말씀을요. 좋게 봐주셔서 감사합니다."

"한번 해보시죠. 세 번 정도로 나눠 연재하면 나름 재미있을 것 같네요. 실패하면 실패한 대로 성공하면 성공한 대로 얘기가 될 것 같아요. 제목은 '가배무사수행기' 어떠세요?"

"가배무사수행기요? 아, 그것 괜찮은데요. 열심히 해보겠습니다."

"그런데, 저 상자는 뭐예요?"

"네, 이번 수행을 위해 만든 가배함입니다. 핸드드립 도구를 넣을 커피 상자죠. 적어도 일본 커피 명인들에게 내가 이렇게 준비했다는 성의는 보여야 할 것 같아서 만들었습니다."

"짧은 시간에 이런 것은 언제 준비하셨어요. 좋아요. 기대되는데요. 이번 주에 아이디어 회의가 있으니 오늘 내용을 팀장님께 보고하고 내부에서 검토한 후 결과를 연락드릴게요."

그후 저녁 늦게 민동용 기자로부터 전화가 왔다. 회의 결과 '가배무사수행기'를 〈동아일보〉 주말판 기사로 싣기로 결정했다는 내용이었다. 10박 11일간의 가배무사수행기 일본 편은 이렇게 시작되었다.

나가사키의 품격,
남반차야와 귀피 후지오

인천을 떠난 항공기는 이륙한 지 한 시간 이십 분 만에 개항의 도시, 나가사키에 도착했다. 오후 3시를 조금 넘긴 시각임에도 비가 추적추적 내려 밝은 초저녁처럼 어두웠다. 일본은 나에게도 가깝고도 먼 나라였다. 그동안 여러 나라를 여행했지만 그중 일본은 없었다. 이 또한 아이러니한 일이다.

공항 세관을 통과할 때 예상했던 일이 터졌다. 세관 직원은 난생처음 보는 나무상자를 신기하게 생각했다. 엑스레이 검색대를 통과했음에도 내용물을 일일이 확인했다. 가배함, 드립포트, 드리퍼, 핸드밀, 볶은 커피 등을 살펴보면서 무엇에 쓰는 물건인지 물어봤다. 커피 이야기를 했더니 그는 대단한 바리스타라도 만난 줄 알고 커피에 대해 궁금한 것을 한참 동안 물었다. '가배함이 예상했던 것 이상으로 일본에서 통하겠구나' 생각했다.

공항버스를 타고 사십여 분을 달리니 다음 정거장은 나가사키 버스터미널이라는 차내 방송이 나왔다. 예약한 숙소를 찾기 위해 안내데

고풍스러운 소품들이 가득한 남반차야

칼리타 드리퍼로 커피를 추출중인 나카무라 노리미

스크를 찾았다. 아뿔싸! 그들은 영어를 거의 하지 못했다. 나가사키 시내 지도를 펼쳐놓고 '카사노다 호스텔'을 찾았지만 모래사장에서 바늘 찾기처럼 어려웠다. 결국 인터넷으로 호텔 주소를 검색한 후 지도에 표시해주었다. 밖을 나와 지나가는 사람들에게 몇 번을 물어 무사히 호스텔에 도착했다. 다행히 호스텔 주인인 노다 신지는 영어를 유창하게 구사했다. 적어도 통역 때문에 고생할 일은 없을 것 같았다.

우선 계획한 카페 몇 곳을 가보고 영어로 대화가 되지 않으면, 노다에게 수고비를 지불하고 부탁하기로 했다. 여행지에서는 숙소·교통·식사세 가지만 해결되면 아무 문제가 없다. 주변에 큰 마트도 있고, 숙소에 조리가 가능한 주방이 있으니 먹는 문제 또한 해결되었다. 출발부터 순조로워 이번 가배무사수행이 잘 풀릴 것 같은 예감이 들었다.

비는 그쳤으나, 오후 6시를 넘기면서 어둠은 더욱 짙어졌다. 카페 남반차야로 가기 위해 노면전차에 올랐다. 지도를 보니 니기와이바시 역에서 내려 몇 분만 걸어가면 닿을 듯했다. 다리를 건너고 작은 골목을 끼고 들어서니 '커피 앤티크 남반차야coffee antique 南蛮茶屋'라고 부조한 오래된 나무 간판이 보였다. 두 세기도 전에 지어진 것 같은 오래된 가옥을 개조한 카페는 간판마저 고풍스러웠다.

자리에 앉은 후 스트롱커피를 주문했다. 약 20g의 커피로 150cc 정도를 추출하는 커피였다. 원두의 종류는 선택할 수 없고 자체 블렌딩한 원두로 칼리타 드리퍼와 흰색 종이필터를 사용해 추출했다. 60대 후반으로 보이는 나카무라 노리미는 하얀 수염을 멋스럽게 기르고 손으로 뜬

빵모자를 쓰고 있었다. 그의 손놀림은 오랜 경험으로 단련된 듯 가볍고 유연했다. 추출이 끝나고 커피가 나왔다. 나가사키에 와서 처음 마시는 커피. 그 기대감과 커피에 대한 갈증으로 한 모금 한 모금이 귀하게 느껴졌다.

기분 좋은 쓴맛, 부드러운 목 넘김, 그리고 후미에서 오는 가벼운 단맛까지 역시 베테랑의 솜씨다웠다. 이곳에 오기를 정말 잘했다. 이분과 대화를 나눠본다면 일본에 온 이유를 발견할 수 있을 것 같았다. 그는 유창하지는 않지만, 대화를 나누는 데 큰 어려움이 없을 정도로 영어를 구사했다. 커피 얘기보다 우선 그의 이야기를 듣고 싶었다. 다행히 손님이 적어 바에 앉아 그와 편안하게 대화를 나눌 수 있었다.

그는 이곳을 찾는 고객을 실망시키고 싶지 않아 매년 1월 1일을 제외하고는 매일 정오부터 밤 11시까지 문을 연다고 했다. 재미있는 것은 만약 영업 시간 이후에도 고객이 있으면 그들이 나갈 때까지 기다린다는 것이다. 새벽 2시까지 손님이 나가길 기다린 적도 있다고 했다. 얼마 전까지만 해도 아내와 카페 운영을 함께했으나, 아내 건강이 좋지 않아져 직원 없이 혼자 일하고 있었다.

커피 한 잔을 더 주문하고 대화를 이어나갔다. 빈속에 진한 커피 두 잔을 연거푸 마셨더니 속이 조금 쓰려왔다. 그가 어디에서 커피를 배웠으며, 지금의 카페를 운영한 지 얼마나 되었는지 궁금했다. 그는 30여 년 전 카페를 했던 친구에게서 커피를 배웠으며, 1980년 이래로 지금까지 카페가 있는 이곳을 떠난 적이 없다고 했다.

"세상은 빠르게 돌아가지만, 이 카페 안은 느리게 움직여요. 세상에서 상처받고 지친 사람들이 이곳에서 편안함을 느끼고 내 커피로 치유를 받았으면 좋겠어요. 그래서 손님이 있으면 마감 시간이 넘어도 손님이 떠날 때까지 기다리는 거예요."

이야기를 듣고 나니 오래된 나무 파이프 담배를 피우고 있는 그의 모습이 더욱 중후하고 여유로웠으며 멋있어 보였다. 카페 안은 칠이 벗겨진 오래된 가구, 멈춘 회중시계, 작은 찻잔 등 고풍스럽고 예쁜 소품들로 장식돼 있었다. 대화를 방해하지 않을 정도로 잔잔하게 깔린 클래식 음악은 분위기를 한결 차분하게 했다. 음악이 끝나자 그는 카세트테이프를 하나 집어 들었다. CD가 관리하기 편하고 음색이 깨끗한 것을 알지만, 카세트테이프가 더 부드럽고 인간적인 것 같아 지금껏 낡은 카세트오디오를 사용한다고 했다. 속으로 '이 아저씨 정말 멋있다. 나도 저렇게 늙어갔으면 좋겠다'고 생각했다.

왜 카페에 손님이 없는지 궁금했다. 그의 이야기를 듣자 일본의 커피 시장 역시 한국과 크게 다르지 않다는 것을 알았다.

"이곳을 찾는 손님은 하루에 20~30명 내외예요. 대부분이 당신과 같은 외국인이거나 일본의 타 도시에서 온 외지인이지요. 나가사키 사람들은 큰 도시를 동경하고, 대형 카페나 프랜차이즈 카페를 선호합니다. 특히, 젊은이들이 심합니다."

잠시 후 50대 후반으로 보이는 여자 손님 한 분이 들어왔다. 단골인 듯 주인장과 가볍게 인사를 하고 카페 안쪽에 자리를 잡았다. 나카무라 노리미는 내가 가져온 나무상자에 대해 궁금해했다. 맞춰보라고 하니 카메라 상자가 아니냐고 한다. 지갑에서 명함 한 장을 꺼내 그에게 건넸다. 당신을 만나기 위해 카페 문을 닫고 여기까지 왔다고 하니 깜짝 놀라는 눈치였다. 가배함을 열어 핸드드립 도구와 원두를 하나씩 꺼냈다. 그리고 왜 이곳에 왔는지 말했다. 그에게 핸드드립 스타일과 추출한 커피를 평가받고 싶다고 했다. 괜찮다면 내일쯤 커피 퍼포먼스를 하면 어떻겠냐고 제안했다. 우려와 달리 그는 흔쾌히 좋다고 했다. 다음 날 오후 3시에 다시 찾겠다고 약속하고 뿌듯한 마음으로 카페 밖으로 나섰다.

다음 날 아침 10시경, 나가사키에서 가장 오래된 카페가 있다는 시안바시 역으로 향했다. 1925년에 개점한 카페라고 해서 찾았는데, 정작 그곳은 커피를 파는 곳이 아닌 레스토랑이었다. 스파게티, 돈가스, 볶음밥을 한 접시에 담은 도루코 라이스가 유명한 곳이라는 것은 알고 있었지만 커피 역시 오랜 전통을 자랑하는 줄 알았다. 나의 무지와 인터넷 정보의 한계였다. 유도장인 줄 알고 들어간 곳이 유치원이었다니. 그렇지 않아도 한번 맛보려고 했기에 나가사키의 3대 명물 중 하나라는 도루코 라이스를 주문해 맛나게 접시를 비웠다.

그곳을 나와 길을 걷는데 2층 건물을 통째로 사용하는 카페 '커피 후지오'가 눈에 띄었다. 내부가 훤히 보이는 통유리가 아닌 것으로 보아 현대식 카페는 아닌 듯했다. 문을 밀고 안으로 들어가니 하얀 셔츠에 검은색 하의를 입은 직원들이 손님에게 커피를 서빙하고 있었다. 바 한쪽에 자리 잡고 메뉴를 보니 커피뿐 아니라 간단히 요기를 할 수 있는 샌드위치와 샐러드도 있었다.

커피 한 잔을 주문했다. 바리스타인 가와무라 다쓰마사는 융드립으로 추출을 했다. 독특한 것은 뜸을 들인 후 드립포트 뚜껑을 그 위에 덮는 것이었다. 그 이후로는 우리가 알고 있는 것과 같이 물을 서너 번 끊어서 커피를 추출했다. 추출 후에는 커피를 버너 위에서 잠시 끓였는데, 이는 뜨거운 커피를 좋아하는 일본 사람들의 취향을 반영한 것이었다. 그후 커피는 본차이나 스타일의 고급스러운 잔에 담겨 나왔다. 남반차야와 달리 쓴맛이 조금 더 강하고 융드립 특유의 부드러움과 풍부한 바디감이 느껴졌다.

커피 후지오는 1946년에 문을 열었으며, 창업자인 후지오는 당시 90세로 같은 건물 2층에 사는데, 요즘 건강이 좋지 않아 좀처럼 바깥출입을 하지 않는다고도 했다. 현재는 후지오의 가족들이 카페를 운영하고 있으며, 바리스타인 가와무라 다쓰마사 역시 친척이라고 했다. 60대 후반으로 보이는 웨이터가 서빙을 하고 있었다. 우리나라에서는 좀처럼 보기 힘든 모습이라 생경하였으나, 능숙하고 기품이 있는 모습이 멋져 보였다. 좀 더 있고 싶었지만, 다음 날 다시 오기로 하고 커피 후지오를 나섰다.

다시 남반차야로 가 나카무라 노리미를 만났다. 가배함을 열어 챙겨간 더치커피를 꺼냈다. 원액에 따뜻한 물을 희석해 맛을 보게 했다. 맛을 본 나카무라 노리미는 치고 올라오는 아로마가 무척 향기롭고, 맛이 부드러우며, 쓴맛이 적어 속이 편하다고 했다. 아내가 좋아하는 스타일의 커피라며, 조금 덜어줄 수 있느냐고 물었다. 나는 당연히 기쁜 마음으로 빈 유리병에 담아줬다. 그러면서 내일 올 때는 사모님의 평가를 듣고 싶다고 했다.

산미가 좋게 중볶음한 에티오피아 이르가체페를 칼리타 드리퍼로 추출했다. 내가 보여준 드립법은 마일드한 동전드립이었다. 그는 중볶음한 커피보다는 중강볶음 이상으로 볶은 커피 맛을 선호했다. 또다른 커피를 준비해 그에게 선보였다. 중강볶음한 자체 블렌딩 커피, '꼬모의 꿈'이었다. 그는 이 커피가 더 맛있다며 어떤 원두를 섞었는지 물었다. 기분 좋은 쓴맛과 약간의 산미도 느껴지며 무엇보다 후미에서 단맛이 좋은 커피라고 칭찬을 아끼지 않았다.

내가 추출한 커피를 진지하게 대하며 남김없이 마시는 그에게서 타인을 존중하고 배려하며 진정 커피를 사랑하는 마음이 느껴졌다. 커피 맛을 내는 데에는 기술도 중요하지만, 바리스타의 인간미 역시 무시할 수 없는 것임을 그는 몸소 보여주고 있었다.

다음 날 아침 9시, 다시 커피 후지오를 찾았다. 아침 메뉴를 맛보고 싶어 일부러 일찍 도착했다. 개점 시각에 맞춰 왔으나, 역시 명성에 맞게 매장 안은 손님들로 가득했다. 가볍게 아침식사를 하면서 커피를 즐기는 사람들 대부분이 50, 60대로 은퇴한 분들이거나 경제적으로 여유로운

융드립으로 커피를 추출 중인 가와무라 다쓰마사

카페 후지오의 아침 메뉴, 샌드위치와 커피

분들로 보였다.

커피 후지오에서 주문을 하면, 특히 아침 메뉴의 경우 한참을 기다려야 한다. 그러나 손님 중 누구 하나 재촉하는 이가 없다. 시간이 더디게 가는 곳이다. 바쁠 것이 없는 분들이니 기다리는 것 또한 그들의 삶의 한 부분처럼 보인다. 혼자 신문을 읽거나 일행과 가벼운 대화를 나누면서 오전의 한가로움을 즐기고 있었다. 드디어 주문한 아침 메뉴가 나왔다. 커피와 샌드위치, 반으로 자른 삶은 달걀 한 개, 과일 샐러드는 보기에도 예뻤는데 맛 또한 일품이었다. 왜 이곳이 아침부터 손님들로 북적이는지 알 수 있었다. 한화로 약 9,000원에 그 이상의 큰 호사를 누렸다.

오전 11시쯤 되자 손님이 하나둘 빠지기 시작했다. 올해 바리스타 7년차인 가와무라 다쓰마사는 내가 왜 이곳에 들렀는지 궁금해했다. 그에게 명함을 건네고 가배함을 열어 보여줬다. 그리고 내가 무엇을 하고 싶은지 설명했다. 영어가 서툰 그는 잠시만 기다리라고 하더니 통역을 위해 바 한쪽 구석에서 신문을 읽고 있던 하시모토 자쓰야를 데려왔다.

나는 가와무라 다쓰마사와 바리스타인 도모코 앞에서 핸드드립을 했다. 어제와 같은 스타일인 마일드한 동전드립이었고, 사용한 커피는 '꼬모의 꿈'이었다. 가와무라 다쓰마사는 내 동작을 유심히 관찰했고, 왜 그렇게 드립을 하는지 자세하게 물었다. 추출한 커피를 가와무라 다쓰마사와 하시모토 자쓰야 그리고 도모코 세 사람이 맛을 봤다.

사람의 입맛은 크게 차이가 나지 않는가보다. 셋 다 어제 나카무라 노리미와 비슷한 의견을 냈다. 일본 커피보다 농도가 낮아 익숙하지는 않지만, 부드럽고 끝맛이 좋다고 했다. 가와무라 다쓰마사는 어떤 커피를 블렌딩했는지 궁금해했다. 혹시 케냐가 들어가지 않았냐고 물었다. 맞다. 내가 이름 붙인 '꼬모의 꿈'은 케냐 커피와 콜롬비아 수프레모 우일라 그리고 브라질 산토스를 섞은 것이다.

가와무라 다쓰마사는 맛있는 커피를 맛보게 해줘 감사하다며 자체 로스팅한 후지오 원두 400g을 선물로 줬다. 나는 고맙다고 인사를 한 후 내년에 다시 찾겠노라 약속하고 카페를 나섰다.

커피 후지오를 나와 다시 남반차야로 향했다. 사흘째 방문이다. 이제 습관처럼 발걸음이 이곳으로 향한다. 며칠 되지는 않았지만, 나의 입맛은 이 집 커피에 길들여진 듯하다. 스트롱커피 한 잔을 주문하고 나카무라 노리미의 커피 퍼포먼스에 집중했다. 그의 손과 주전자는 하나가 되어 우아한 춤을 추듯 아름다운 동작을 만들어냈다. 그 동작만큼이나 맛과 향도 좋을 거라 기대해본다. 드디어 커피가 내 앞에 나오고 나의 코는 커피잔을 향해 조금 과하다 싶을 정도로 급하게 다가갔다.

커피 향이 폐부까지 닿도록 깊이 들이마셨다. 향이 뇌에까지 전해지고 나의 혀는 빨리 커피를 맛보고 싶어 안달이 나 있었다. 커피를 다 마시고 빈 잔에 남은 커피 얼룩을 향해 코를 들이댄다. 역시 잔향이 구수하다. 아니 달콤하다. 좋은 커피는 이러하다.

그와 작별인사를 했다. 나카무라 노리미는 가게문 밖으로 나와 나를 배웅했다. 마치 아버지가 사랑하는 아들을 멀리 보내는 것처럼 내 모습이 골목을 돌아 보이지 않을 때까지 나를 지켜봤다. 나가사키에서 그의 커피를 맛보고 그를 알게 되어 나는 정말 행복했다.

그들의 커피를 더욱 향기롭고 멋스럽게 한 것은 낯선 이방인을 존중하고 배려하며 따뜻하게 품을 줄 아는 넉넉함에 있지 않았을까. 남반차야와 커피 후지오, 내가 다시 나가사키에 가야 할 이유가 여기에 있다.

교토의 커피,
명가와 명장

　　교토는 나가사키에 비해 큰 도시였다. 철도 역사만 해도 나가사키보다 규모가 무척 거대했기에 민박 주인과 만나기로 한 장소를 도무지 찾을 수 없었다. 밖을 나와서도 방향 감각을 상실하고 한참을 헤매었다. 날씨 또한 나가사키에 비해 섭씨 5~7도 정도 낮아 한기가 느껴졌다. 마치 영국의 겨울 날씨처럼 불쾌한 싸늘함이 옷 사이사이를 파고들었다.

　　내가 묵을 헨카 민박은 교토 중심가와는 거리가 있는 한적한 언덕 위쪽에 위치했다. 버스정류장에 내려서도 언덕길을 거의 1km 정도 걸어가야 했다. 내용물을 담은 가배함의 무게가 약 8kg에 달해 버스정류장부터 민박까지 이동하는 것은 무척 고된 일이었다. 어디를 가든 가배함을 들고 다녔기 때문에 저녁이 되면 왼쪽 팔이 끊어질 듯 아팠다.

　　교토에서 들른 첫 번째 카페는 '루쿠요사 깃사텐'이었다. 이곳 역시 개점한 지 50년 이상 된 교토의 명물 카페 중 하나다. 카페는 가와라마치 정거장에서 멀지 않은 큰길가에 위치해 있어 찾기는 어렵지 않았다. 영업장은 지하 1층과 지상 1층 두 곳이었는데 좀 독특한 스타일의 카페였다. 지하 1층은 저녁 6시부터 영업을 하는데 술과 커피를 함께 팔았고, 지상 1층은 오직 커피만을 취급하고 있었다.

1층 카페 안쪽에 자리를 잡고 드립커피 한 잔을 주문했다. 바 안에는 바리스타 두 명이 일하고 있었는데, 모두 젊은 여성이었다. 홀에서 서빙하는 직원 역시 젊은 여성이었다. 일본의 여느 카페처럼 실내에서 담배를 피울 수 있도록 테이블에는 재떨이와 성냥이 준비되어 있었다. 이곳 역시 손님 대부분이 50, 60대 어른들이었다. 민박 주인장의 말에 의하면, 젊은이들이 이런 카페에 없는 이유는 가격이 프랜차이즈 카페에 비해 상대적으로 비싸고 와이파이 등 젊은이를 위한 편의시설이 없기 때문이라고 했다.

손님을 위한 바가 없어 바리스타가 드립하는 모습을 볼 수 없었다. 실내 사진을 몇 장 찍고 있는데, 직원이 다가와 촬영은 금지되어 있다고 정중하게 주의를 줬다. 드디어 주문한 커피가 나왔다. 고급스럽고 예쁜 잔에 담긴 커피는 쓴맛이 적고 신맛은 거의 느낄 수 없었으며 후미에서 살짝 단맛이 돌았다. 나도 어느새 일본 커피에 적응이 되었는지 한국에 비해 농도가 두 배는 진한 커피가 입에 잘 맞았다.

다만 카페 주인은 보이지 않고 직원만 있어 느낌이 반감되었다. 무엇보다 커피 수행을 할 수 있는 분위기나 상황이 못 되어 아쉬움이 컸다. 사진 촬영도 하지 못하게 하는 곳에서 커피 수행은 상상도 할 수 없는 일이었다. 커피를 맛있게 비우고 눈과 가슴으로만 카페 분위기를 담았다. 다음에 이곳에 오면 '주인장을 만나 커피 수행을 하고 싶다'고 마음 먹고 카페 문을 나섰다.

다시 지도를 펼쳐들고 남반차야의 나카무라 노리미뿐 아니라 민박 주인도 추천한 카페를 찾아 나섰다. 1940년 개점한 이래 교토의 대표적인 커피 전문점으로 명성이 자자한 '이노다 커피'가 바로 그곳이었다. 본점과 분점은 불과 100m밖에 떨어져 있지 않았다. 우선 본점의 분위기를 보고 싶어 그곳으로 향했다. 밖에서 볼 때는 그리 규모가 크지 않았는데, 막상 안에 들어와 보니 실내가 굉장히 넓었다. 중앙홀과 별실이 구분되어 있었고, 특히 별실은 근대 유럽 카페를 옮겨놓은 듯 고급스러웠다.

이곳 역시 바가 없어 바리스타가 커피를 추출하는 모습을 볼 수 없을 뿐만 아니라 그들과 대화를 할 수도 없었다. 바리스타들은 중앙홀 안쪽에 위치한 주방 안에서 커피를 추출하고 있었다. 별실에 자리를 잡고 드립커피 중 하나인 아라비카 펄을 주문했다. 나카무라 노리미의 말대로 쓴맛이 강한 커피다. 그러나 불쾌하다거나 잡스러운 맛은 전혀 없고 깔끔했다. 강하게 로스팅한 원두인지 신맛은 거의 느낄 수 없었다. 후미에서 단맛을 느낄 수 없었고, 전체적으로 바디감이 강한 커피였다. 즉 깔끔한 쓴맛과 농밀함을 즐기는 커피다.

본점을 나와 약 100m 정도 떨어진 분점으로 자리를 옮겼다. 이곳에서는 콜롬비아 에메랄드를 주문했다. 거대한 라운드 바가 인상적이었다. 서너 명의 바리스타가 각각 다른 방식으로 커피를 추출했다. 손님의

라운드형 바가 매력적인 이노다 커피

칼리타 드리퍼로 커피를 추출 중인 바리스타

국자로 물을 부어 커피를 추출 중인 바리스타

주문에 따라 종이드립과 융드립을 하고 있었는데 특히 융드립은 높이가 40cm는 되는 항아리에 융을 씌우고 드립포트 대신 국자로 뜨거운 물을 부어 커피를 추출했다. 국자라고 무시하면 안 된다. 라면 하나를 맛있게 끓이는 것보다 수십 개를 한꺼번에 맛나게 끓이는 것이 어려운 법이니까. 그의 동작은 오랜 경험으로 정교하면서도 절도가 있었다. 카페라테를 만드는 방법이 독특했는데, 데운 우유에 핸드드립으로 추출한 커피를 부어서 완성했다. 굳이 이름을 붙인다면, '드립 라테' 정도일 것이다.

주문한 커피를 마셔보니 분점의 아라비카 펄과는 달리 쓴맛과 신맛이 동시에 느껴졌다. 약간의 쓴맛이 입안에 돌았으며, 후미에서 단맛이 느껴졌다. 식은 커피는 산화되어 처음보다 더 신맛을 느낄 수 있었다. 커피를 다 비우고 잔에 남은 향을 맡기 위해 두 손으로 잔을 감싸고 코를 가까이 들이댔다. 달달한 향이 코를 자극했다. 기분 좋은 자극이다. 정말 좋은 커피를 만났다. 이곳은 절대 놓치고 싶지 않았다. 이곳이야말로 내가 커피 수행을 해야만 하는 카페였다.

언제쯤 말을 꺼내야 할까 눈치를 살피는데 도무지 기회가 보이지 않았다. 여기서는 사진을 찍어도 뭐라 하지 않는다. 자신감이겠지. 따라 할 테면 해봐라. 모방할 수 없다는 것을 아는 것이다. 잠시 후 젊은 바리스타 한 명에게 말을 걸었다. 그의 이름은 기시야 겐코였다. 영어를 능숙하게는 못하나 어느 정도 소통이 가능했다. 다행히도 내 바로 옆자리에 영어를 잘하는 중년의 일본인이 있어 통역을 부탁했다. 그는 내 청을 기꺼이 들어줬고, 내가 영어로 이야기하면 기시야 겐코에게 일본어로 통역

해주었다. 왜 이곳에 왔으며 무엇을 하고 싶은지 말했다. 그리고 저 구석에 있는 나무상자가 무엇이며, 그 안에 무엇이 있는지 이야기했다.

그는 매니저에게 내 얘기를 전했고, 커피 퍼포먼스를 해도 좋다는 허락을 받아왔다. 가배함에서 커피도구와 원두를 꺼내 핸드드립을 시작했다. 뜻밖의 커피 퍼포먼스에 많은 손님들의 시선은 나를 향해 고정되었다. 커피 추출을 끝낸 후 기시야 겐코에게 커피를 건넸다. 그는 바 안에서 테스트하지 않고 커피를 들고 직원 사무실로 향했다. 다른 바리스타들과 함께 커피에 대해 평가하기 위해서였다.

잠시 후 그는 밖으로 나왔다. 내가 추출한 커피는 자체 블렌딩한 '꼬모의 꿈'이었다. 그는 쓴맛이 좋고 약간의 신맛이 느껴지며, 후미에서 단맛이 조금 난다고 했다. 마일드한 동전드립으로 추출한 내 커피가 좋다고 했다. 다른 바리스타들도 비슷한 의견을 냈다고 했다. 내가 처음 그에게 말을 건 이유도 다른 바리스타들은 융드립을 하는 반면, 그만 칼리타 드리퍼와 종이필터로 드립을 했기 때문이었다.

지금 생각해도 어디에서 그런 용기가 나왔는지 모르겠다. 간절함이 아니었을까. 하고 싶은 것에 대한 간절함. 기시야 겐코와 다음에 다시 만날 것을 기약하고 이노다 커피를 나섰다.

민박집의 밤은 춥고 길었다. 작은 벽걸이 히터 한 대에 난방을 의존했는데, 문제는 단열에 있었다. 화장실과 연결된 한쪽 벽에 난 유리문이 이중으로만 되어 있었어도 그렇게 춥지는 않았을 것이다. 으스스 추운 밤을 이겨내기 위해 옷을 다 꺼내 입은데다 파카까지 껴입었으며, 양말까지 신어야만 했다. 그러나 다음 날 룸메이트가 들어오자 내 몸에 문제가 있음을 알 수 있었다. 20대 중반의 그는 나와는 달리 방 안에서 사각팬티에 반팔 셔츠만 입고 생활했다. 그렇게 입고 춥지 않느냐고 물으니 자기는 열이 많아서 괜찮다고 했다. 본래 추위를 많이 타는 것인지 아니면 나의 청춘이 가고 있는 것인지 그는 나를 좌절케 했다.

은각사 근처에 괜찮은 카페가 몇 곳 있다고 해서 아침 일찍 민박집을 나섰다. '밤비 커피'. 이름이 참 예뻤다. 커피 맛도 이름만큼 맛있었으면 얼마나 좋았을까. 이곳은 자가배전, 즉 매장에서 직접 로스팅을 하는 카페였다. 이곳은 핸드드립커피를 워터리커피라고 했다. 놀랍게도 주문 후 30초도 지나지 않아 커피가 나왔다. 알고 보니 손님의 주문을 받고 추출하는 커피가 아니라 이미 추출해놓은 커피를 데워온 것이었다.

'그러면 어떠랴. 맛만 좋으면 되지' 하고 자위하며 커피를 들었다. 이건 뭐지? 쓴맛, 신맛, 단맛, 바디감까지 아무것도 느낄 수 없는 무미건조한 커피였다. 커피라는 말을 붙이기도 머쓱할 정도였다. 정말 물을 마시는 듯했다. 이 집의 특징인가. 그렇다고 해도 이건 아니지 않은가. 마치 아무 감흥이 없는 재미없는 광고 한 편을 본 것 같았다. 가배함을 열고 싶은 마음이 싹 사라졌다. 그래도 좀 더 지켜보기로 했다.

바리스타들은 융드립과 하리오 드리퍼와 종이필터를 사용해 커피를 추출했다. 잠시 후 한 남자 바리스타가 커피를 추출했다. 융드립이었는데, 이노다 커피에서 본 것과 같은 큰 항아리를 서버로 사용했다. 우선 뜸을 들이고, 융 위에 뚜껑을 덮었다. 이것은 나가사키의 커피 후지오에서 본 것과 같은 방식이었다. 뜸 들이기가 끝나고 본격적인 추출이 시작되었다. 드립포트를 서버로부터 거의 30cm 떨어진 높이까지 들고 원을 그리면서 커피를 추출했다. 저렇게 추출을 해도 될까 싶을 정도로 과하게 높이 들고 물을 부었다. 더 이상의 커피가 추출되지 않을 때까지 기다리고는 추출을 마쳤다. 정말 살뜰하게(?) 커피를 추출했다. 잡미가 느껴지지 않을까 우려되었다.

커피가 식으니 불쾌한 쓴맛이 느껴졌다. 바 안쪽에 에스프레소 머신이 보이는데 포터필터를 장착하지 않은 채 분리시켜놓았다. 포터필터가 차가우면 의도했던 커피 맛이 표현되지 않을 텐데 아쉬웠다. 결국 커피를 남겼다. 일본에 와서 커피를 남긴 것은 이 집이 처음이었다.

밤비 커피를 나오는 발걸음이 가볍지 않았다. 제대로 된 카페를 만나기란 역시 쉽지 않았다. 어디로 가야 하나. 날씨는 춥고 가배함은 무거웠다. 마음 같아서는 택시를 타고 싶지만, 일본의 살인적인 택시비를 생각하니 엄두가 나지 않았다. 버스를 몇 번 갈아타고 카페를 몇 군데 더 찾았으나, 욕심을 채우기에는 부족함이 많았다. 그후 서너 시간을 걸었다. 가배함은 점점 더 무거워졌고, 팔은 끊어질 듯 아팠다. 우산도 없는데 부슬부슬 비까지 내렸다. 내가 비를 맞는 것은 괜찮으나, 나무로 된 가배함이 젖는 것은 두고볼 수 없었다. 편의점에서 플라스틱 페이퍼를 구해 가배함에 임시 처방을 했다.

교토아트센터 근처를 지나는데, '마하야나'라는 생소한 이름의 카페가 눈에 들어왔다. 마하야나, 무슨 뜻일까. 카페 안으로 들어가니 ㄷ자 형태의 바는 손님들로 빈자리 하나 없이 가득 찼다. 진공식 커피포트인 사이펀으로만 커피를 추출하는 8평 내외의 작은 카페였다. 커피 꼬모와 비슷한 규모다. 60대 후반으로 보이는 주인장은 커피보다는 무예가 더 어울릴 것 같은 강직한 인상의 소유자였다.

커피를 주문하고 백전노장 사이퍼니스트의 커피 추출을 감상했다. 융이나 종이로 추출하는 것보다 더 굵게 분쇄한 커피 20g을 사용했다. 증기압과 진공을 이용한 사이펀은 사실 맛보다는 추출되는 모습이 멋스러운 커피 추출법이다. 그는 능숙한 솜씨로 커피를 추출한 후 버너에서 커피를 살짝 데웠다.

커피는 역시 뜨거웠다. 조금 식기를 기다린 후 맛을 봤다. 약간의 쓴맛이 느껴지나 나쁘지 않았다. 바디감은 없으나 가벼운 신맛에서 청량감마저 느낄 수 있었다. 커피 한 잔을 더 주문했다. 사이펀커피가 이렇게 맛있을 수 있다는 것을 이곳에서 처음 알았다. 주인장은 어떤 내공과 사연을 가지고 있을지 궁금했다.

매장 이름인 '마하야나'는 산스크리트어로 '대승불교'라는 의미로, 주인장인 사이토 마사히로가 불교 신자라 그렇게 지었다고 한다. 전통찻집과 더 어울릴 것 같은 이름이었다. 대승불교가 중생구제를 목적으로 하듯 주인장은 각박한 세상에서 지친 중생을 한 잔의 맛있는 커피로 위로했다.

진공식 커피포트로 커피를 추출 중인 사이토 마사히로

핸드드립 중인 저자를 찍고 있는 사이토 마사히로

희고 짧은 머리를 한 주인장은 마치 고승 같기도 하고, 나이 지긋한 무사 같기도 했다. 주인장의 강직한 인상 때문에 말을 꺼내기가 쉽지 않았다. 언제쯤 내 마음을 이야기해야 할까. 주로 단골손님이 많아 보였는데, 주인장과 가벼운 대화를 나누는 모습이 정겨웠다. 소통의 공간. 이곳 역시 담배를 피울 수 있었고 전체적으로 그 모습이 포근하고 따뜻했다.

고객은 역시 50, 60대가 주를 이룬다. 젊은이는 눈에 보이지 않았다. 한 시간을 넘게 있었으나, 대부분 장년과 노년층뿐이었다. 신문을 읽거나 잡지를 보면서 커피를 마시고는 금세 자리를 떴다. 젊은이들은 왜 이런 곳을 찾지 않는 것일까. 가격이 비싼 것도 아니다. 300엔이니 프랜차이즈와 차이가 없다. 더 넓고 현대적이며 더 푹신한 의자를 원하기 때문일까. 커피 자체가 아닌 와이파이로 컴퓨터와 스마트폰을 즐길 수 있는 곳, 그런 곳에 젊은이들이 몰리는 현실이 안타까웠다.

이곳에 들어온 지 한 시간 반이 지났을 때 조심스럽게 말을 꺼냈다. 주인장은 서툴기는 하지만, 영어를 구사할 줄 알았다. 나는 가배함을 보이고 내가 왜 여기에 왔으며, 무엇을 하고 싶은지 말했다. 예상과는 달리 그는 흔쾌히 승낙했다. 그리고 내가 필요한 것이 무엇인지 어떻게 도와줘야 하는지 물었다.

드디어 커피 퍼포먼스를 시작했다. 사용한 커피는 중강볶음으로 로스팅한 케냐AA. 정성을 다해 커피를 추출했다. 10여 명의 손님들은 숨을 죽이고 나를 관찰했다. 그는 내가 커피를 추출하는 동안 카메라로 녹화했다. 추출한 커피를 주인장께 건네었다. 그는 작은 커피잔을 여러

ㄷ자 형 바가 인상적인 마하야나

마하야나에서 핸드드립 중인 저자

개 준비해 손님들에게도 커피를 나눠줬다. 조금 부끄럽기도 하고 설레기도 했다. 그리고 나를 존중하는 그의 행동에 무척 감동을 받았다.

그와 손님들은 쓴맛이 좋다고 했다. 그리고 약간의 신맛이 느껴지는데 맛있다고 했다. 부족한 점은 없냐고 물었더니 자기와 추출 방법이 다르기 때문에 맛이 좋고 나쁨을 얘기할 뿐 다른 이야기는 할 수 없다고 했다. 그는 내 커피를 한 방울도 남기지 않고 다 마셨다. 내 커피가 훌륭해서라기보다는 커피를 대하는 그의 마음가짐 때문일 것이다.

사이토 마사히로는 매장에서 사용하는 원두를 선물로 줬다. 다가서기 힘든 강직한 인상과는 달리 정이 많은 분이었다. 만약 내가 커피만 마시고 나갔다면 그분의 진짜 모습을 알지 못했을 것이다. 카페를 나서기 전 그와 함께 기념사진을 찍었다. 그는 마치 아버지가 아들을 대하는 것처럼 나를 꼭 안아주었다. 그 순간 한 해 전 허망하게 돌아가신 아버지가 생각나 눈물이 핑 돌았다.

커피 헤븐,
카페 드 람브르

나가사키와 교토의 여러 커피 명가와 명장들을 거치면서 나는 '한번 해볼 만하다'는 자신감에 차 있었다. 그러나 만약 도쿄의 카페 드 람브르를 경험하지 않았다면, 이번 커피 수행은 그저 흥미로운 추억에 머물렀을지도 모른다. 내가 알고 그동안 경험한 커피에 대한 상식을 파괴한 곳, 내가 얼마나 보잘것없는 애송이 커피인인지를 깨닫게 해준 곳. 더불어 대가의 풍모란 어떤 것인지를 몸소 보여주신 세키구치 이치로 옹을 만난 곳. 나는 그곳을 '커피 헤븐'이라 부른다.

도쿄 긴자 역 근처에 위치한 카페 드 람브르는 2018년에 돌아가신 세키구치 이치로 옹이 1948년 'coffee only'를 기치로 개점한 명실상부한 일본 최고의 핸드드립 카페다. 처음 이곳을 찾았을 때, 나는 세 가지에 놀랐다. 첫째는 명성에 비해 13평 정도로 작은 카페의 크기였다. 둘째는 좁은 공간을 효과적으로 분할해 사용하는 점이었다. ㄴ자 형 바에는 8개의 의자를 갖췄고, 바 맞은편에는 6개의 원형테이블과 12개의 나무 의자가 있었다. 물론 내부에 깨끗한 화장실이 있었고, 한 평 남짓한 사무

145

실과 직원 휴게실도 있었다. 그리고 후지 로스터 2대를 갖춘 로스팅 룸까지 있었다. 마지막은 직원들의 놀라운 숙련도였다. 7년차 경력의 스태프부터 35년차 경력의 매니저까지 세월만큼이나 그들의 실력은 혀를 내두르게 했다.

은은하고 따뜻한 느낌의 간접조명과 손님의 대화를 방해하지 않을 정도로 흘러나오는 부드러운 음악은 마음을 한결 차분하게 했다. 그리고 답답하지 않을 정도로 따뜻한 실내는 두꺼운 외투를 벗고 좀 더 자유로이 커피를 즐기게 해주었다. 커피 메뉴에 적혀 있는 숫자를 보고 내 눈을 의심했다. 쿠바 74, 콜롬비아 54…… 설마 생두 수확연도를 의미하는 것은 아니겠지. 직원을 불러 물어보니 설마 했던 생각이 맞았다. 그동안 수확한 지 2년이 넘은 생두는 '올드빈'이라 하여 상품 가치가 떨어져 상업적으로 사용하기 어려운 것으로 알고 있었다. 호기심 반 의심 반으로 '쿠바 74' single(원두 18g)을 미디엄 잔(70ml)에 주문했다.

직원은 분쇄한 18g의 원두로 70ml의 커피를 추출했다. 통상적인 추출량의 3분의 1밖에 안 되는 양이라 농도가 일반 커피의 3배 정도 되었다. 융으로 드립을 했는데, 그동안 내가 본 방법과는 상이한 추출법이었다. 드립포트를 고정시킨 상태에서 주둥이 각도만을 조절하고 필터를 회전시키면서 추출을 했다. 보통은 필터를 고정시킨 상태에서 드립포트의 각도를 조절하고 회전하면서 추출을 한다.

드디어 주문한 커피가 나왔다. 중강볶음 정도로 로스팅한 것으로 뜨거웠을 때와 온도가 떨어지면서의 맛이 다르게 느껴졌다. 약간 혀를 마비시키는 느낌. 정말 숙성이 잘된 와인을 마시는 것 같았다. 혀가 좀 얼얼하기도 하고 후미에서는 조금 달달한 맛이 왔다. 커피가 식으니 쓴맛이 강해지고 신맛도 조금 느껴졌다. 매력적인 것은 아로마가 오래 유지된다는 점이다. 커피를 다 마시고 난 후 20여 분이 지났음에도 잔향이 안에서 치고 올라온다. 정말 대단한 커피다.

이곳은 오직 커피만을 판다. coffee only. 커피 이외에는 흔한 쿠키나 조각케이크도 없다. 그렇기 때문에 정말 커피를 사랑하는 사람들만 온다. 분위기는 차분하고 고급스럽다. 바를 포함해 19개의 자리가 꽉 찼다. 손님들은 대부분 중년을 넘긴 분들이고, 간혹 20, 30대도 보였다. 커피 가격은 800~900엔 정도로 다른 곳의 2배에 이르니 주머니 사정이 넉넉하지 않은 사람들은 불편할 것이다. 그러나 다른 곳에서 두 번 마실 돈으로 나는 이곳에서 한 번 마시는 것을 택하겠다. 커피가 주는 기쁨이 두 배가 넘기 때문이다.

아직 입안에 잔향이 남아 있음에도 나는 다른 커피에 대한 호기심을 참지 못하고 두 번째 커피를 주문했다. '콜롬비아 54', 아까와는 달리 더블(원두 36g)에 미디엄 잔(70ml)이다. 농도가 두 배 더 진한 커피가 나올 것이다. 에스프레소로 치면 에스프레소 도피오의 두 배이니 더블 에스프레소 도피오쯤 되겠다. 수확한 지 58년 된 생두라니. 곧 환갑을 맞는 커피다. 쿠바보다 바디감이 강하다고 하니 기대가 되었다.

커피가 나왔다. 직원의 말대로 바디감이 좋은 커피였다. 그리고 그 깊이, 58년이란 세월과 숙련된 바리스타가 만들어낸 작품이었다. 어떻게

카페 드 람브르

고도로 숙련된 융드립 추출을 선보이는 우시다 마키

생두를 볶고 있는 세키구치 이치로 옹

이 맛을 표현할 수 있을까. 우리 음식으로 치면 맛있게 삭힌 홍어나 오래 묵힌 김치 같았다. 그 맛과 향이 오래도록 입안에 남았다. 식도를 타고 아래로 내려간 커피는 향을 다시 위쪽으로 밀어 올렸다. 커피를 추출하는 바리스타의 능력도 대단하지만, 이 커피의 진짜 힘은 원두에 있었다. 적절한 온도와 습도를 어떻게 찾아냈으며 어떻게 50~60년간 보관을 했을까. 내가 목검을 들고 아무리 설쳐봐야 시퍼런 진검 앞에서 무엇을 할 수 있단 말인가.

바리스타 중 한 명에게 내가 왜 여기에 왔으며, 나가사키와 교토에서 무엇을 했는지 설명했다. 그리고 가배함을 그에게 보여줬다. 그의 이름은 우시다 마키였고, 영어를 유창하게 구사했다. 그가 다시 매니저에게 내 말을 전했다. 매니저는 내일 다시 올 수 없느냐고 했다. 창업자인 세키구치 이치로 옹이 내일 오후 1시에 오는데, 그 앞에서 커피를 내려주면 더 좋을 것 같다는 것이었다. 나로서는 한결 더 좋은 기회였기에 흔쾌히 그렇게 하겠다고 말했다. 지금도 왜 매니저가 생면부지인 나를 창업자이자 삼촌인 세키구치 이치로 옹에게 소개해주려 했는지 그 이유를 알지 못한다.

다음 날 한 시간 일찍 그의 카페로 향했다. 무척 마음이 설레고 떨렸다. 우시다 마키에게서 세키구치 이치로 옹에 대해 궁금했던 사실을 들었다. 그는 1914년생이며, 열다섯 살 때부터 커피를 공부했다고 한다. 84년간 커피와 함께한 셈이다. 더욱 놀라운 것은 그가 여전히 현역이라는 점이다. 그는 과거 맛이 좋은 카페를 다니면서 그곳의 바리스타가 커피를 추출하는 모습을 어깨너머로 익혔다고 한다. 그리고 그런 것들을 바탕으로 자기만의 커피 스타일을 찾았다고 했다.

그를 기다리는 동안 더치커피를 주문했다. 약 30ml의 더치커피 원액을 예쁘고 앙증맞은 잔에 내왔다. 160g의 원두로 250ml를 추출했다고 하니 180g의 원두로 1,500ml를 추출하는 내 더치커피에 비해 농도가 약 5.3배 진한 셈이다. 발렌타인 30년산을 마시듯 조금씩 음미하면서 커피를 즐겼다. 역시 향이 오래도록 남는다. 사흘 전에 추출한 것이라는데, 그 깊이와 맛은 30년 된 고급 위스키에 뒤지지 않았다. 12시 50분, 우시다 마키는 세키구치 이치로 옹이 병원을 다녀오는 길인데 차가 막혀 10분 정도 늦는다고 전화가 왔다며 나에게 양해를 구했다.

잠시 후 세키구치 이치로 옹이 도착했다. 그의 손에는 오토바이 헬멧이 들려 있었다. 카페 매니저이자 그의 조카인 하야시 후지히코가 오토바이로 병원에서 모시고 오는 길이라고 했다. 100세에 가까운 분이 오토바이 뒷자리에 타고 오다니 그의 생활 패턴과 건강을 가늠케 했다.

드디어 세키구치 이치로 옹 앞에서 핸드드립을 했다. 통역은 우시다 마키가 맡았다. 마치 어린 제자가 노스승 앞에서 그동안 얼마나 공부를 열심히 했는지 검사받는 것 같았다. 가배함에서 핸드밀을 꺼내자 그는 그것으로는 입자 굵기를 일정하게 내기 어렵기 때문에 매장에 있는 전동 그라인더를 사용하라고 했다. 커피를 추출하는 동안 그는 내 동작 하나하나를 유심히 관찰했다. 나는 본래 18g의 원두로 200ml를 추출하

세키구치 이치로 옹 앞에서 커피를 추출 중인 저자

는데, 그는 너무 묽다며 100ml를 추출할 것을 주문했다.

커피를 추출해 그에게 건넸다. 커피를 받아든 그는 음미하듯 커피를 조금씩 들이켰다. 그의 평이 나왔다. "첫맛은 좋다. 그러나 시간이 지나면서 조금 좋지 않은 쓴맛이 느껴진다." 그리고 종이드립도 나쁘지 않지만, 좀 더 완벽한 커피 추출을 원한다면 융드립으로 바꾸는 것도 하나의 방법이라고 덧붙였다. 종이드립은 추출량을 조절하기 쉽지 않고 종이가 커피 기름을 걸러내기 때문에 그 커피가 가진 맛을 충실히 표현하기에 부족하다고 했다.

이윽고 그는 내가 준비한 더치커피를 시음했다. 그는 몇 그램의 원두를 사용해 얼마만큼 추출한 것이냐고 물었다. 약 여덟 시간 동안 강볶음한 원두 180g으로 1,500ml를 추출한 것이라고 했다.

"비기너에게는 좋은 커피이나 마니아층에게는 조금 약한 커피다."

추출량을 줄이는 것도 맛을 개선하는 하나의 방법이라고 했다. 그의 말을 하나도 놓치지 않고 메모했다. 그는 이런 나를 흐뭇한 모습으로 바라보면서 앞으로 열심히 하면 더 나아질 거라고 격려했다.

그는 로스팅 룸으로 향했다. 원한다면 옆에서 로스팅하는 것을 지켜봐도 좋다고 했다. 로스팅 룸에는 매장만큼이나 오래된 두 대의 로스터기가 있었다. 하나는 60년이나 된 7kg 용량의 초기 후지 모델이었고, 나머지는 20년이 넘은 5kg 용량의, 역시 후지 모델이었다. 99세의 현역 로스터는 예열이 끝난 로스터기에 직접 생두를 넣었다. 그의 로스팅 제자인 우시다 마키는 노장 로스터 곁에 서서 동작 하나하나를 놓치지 않

153

고 관찰했다. 그는 거의 두 시간 동안 로스팅을 했다. 그의 체력과 커피에 대한 열정에 놀라지 않을 수 없었다.

로스팅이 끝난 후, 그에게 한국에서 가져온 몇 가지 원두를 보였다. 자체 블렌딩한 '꼬모의 꿈'과 케냐AA, 이르가체페였다. 그는 커피의 특징에 맞게 로스팅 포인트를 아주 잘 잡았다고 칭찬했다. 입이 귀에 걸릴 정도로 기분이 좋았다. 카페를 나오기 전 세키구치 이치로 옹에게 큰절을 올렸다. 이것은 큰 가르침을 준 노스승에게 내가 할 수 있는 전부였다. 그 역시 고개를 숙여 답했고, 곁에 서 있던 우시다 마키는 허리를 거의 90도 각도로 깊이 숙여 예를 표했다.

다음 날에도 카페 드 람브르를 찾았다. '브라질 버본 93'을 비롯해 두 가지 종류의 커피를 주문했다. 역시 일품이었다. 이곳에 앉아 있으면 마치 다른 세상에 와 있는 것 같았다. 바깥세상과는 분리된 전혀 다른 세상. 이곳은 내게 커피 헤븐과 같은 곳이다. 내가 아는 한 지구상에서 가장 훌륭한 커피를 맛볼 수 있는 곳. '브라질 버본 93'에서 바디감은 적으나, 역시 아주 깊은 맛이 났다. 식은 커피에서 좋은 신맛이 느껴지며, 후미에서 단맛이 났다. 좋은 쓴맛이란 이런 것, 커피는 각성을 넘어 나를 행복의 나라로 이끌었다.

카페 드 람브르를 만나 커피에 대한 나의 일천한 지식과 재주가 모두 무너진 것을 다행스럽게 생각한다. 잘못 쌓아올린 것이라면 시간과 공이 들더라도 무너뜨리고 다시 쌓아야 한다. 큰 가르침을 주신 세키구치 이치로 옹과 카페 직원들께 다시 한번 감사의 인사를 올린다. 지상에 커피 헤븐을 만든 세키구치 이치로 옹은 2018년 3월 14일, 105세의 일기로 하늘로 머나먼 커피 여행을 떠나셨다.

　　나는 조만간 미국과 유럽의 커피 명가와 명장을 찾아 가배무사수행을 떠날 예정이다. 핸드드립을 하는 곳에서는 그들과 선의의 경쟁을 하고, 그렇지 않은 곳에서는 서로 다른 커피 맛을 비교하면서 배울 수 있는 좋은 기회가 될 것이라 생각한다. 이런 과정을 통해 나의 커피 실력은 진일보할 것이고, 나를 찾는 손님들은 맛있는 커피와 더불어 스토리를 소비하게 될 것이다. 커피에 스토리와 가치를 부여하면 맛은 한층 풍부해진다. 이것이 내가 가배무사수행을 떠나는 이유다.

준비물   드립포트, 서버, 드리퍼, 종이필터, 중강볶음한 분쇄한 원두, 서버, 온도계, 커피잔

1.   중강볶음한 원두를 사용하므로 85~90℃의 뜨거운 물을 준비한다.

2.   드립포트에 담긴 뜨거운 물을 서버에 붓는다. 서버에 담긴 뜨거운 물을 다시 드립포트에 붓는다. 이와 같은 동작을 1~2회 반복하여 85~90℃의 온도에 맞춘다.

3.   본격적인 추출에 앞서 약 30초간 뜸들이기를 한다. 가운데로부터 약 3개의 원을 바깥쪽으로 그려나가고, 다시 안으로 2개의 원을 그림을 그린다. 서버의 바닥을 살짝 덮을 정도로만 뜸을 들인다. 1초에 한 방울씩 떨어질 때까지 기다린다. 여기서 주의할 점은 필터로부터 안쪽으로 약 1cm까지만 드립을 해야 한다는 것이다.

4.   뜸들이기가 끝나면, 본격적으로 추출을 시작한다. 중심으로부터 약 3~4개의 원을 겹치지 않게 바깥쪽으로 촘촘히 그리고 다시 바깥에서 안쪽으로 2~3개의 원을 그린다. 이 동작을 3~4회에 걸쳐 원하는 추출양(200ml)에 이를 때까지 반복한다. 물줄기는 가늘게 따르는 것이 좋다.

5.   추출이 끝나면 신속하게 드리퍼를 서버에서 옮긴다. 그렇지 않으면 불쾌한 쓴맛과 잡맛이 추출되어 전체적인 맛을 해칠 수 있다.

6.   추출된 커피를 준비된 잔에 따른다. 주의할 것은 잔은 뜨겁게 데워져 있어야 한다. 마치 요리를 데운 접시에 담는 것과 같은 이치다.

1. 드리퍼와 서버를 뜨거운 물로 데우고 마른 수건으로 기구에 묻은 물기
    를 제거한다.

2. 사용하는 원두 볶음도가 강할수록 온도를 낮게 하고, 약할수록 온도를
    높여야 한다.

미디엄, 하이로스팅	시티, 풀시티	프렌치, 이탤리언
90~95℃	85~90℃	80~85℃

3. 추출하는 분쇄 원두의 크기는 1mm 내외가 적당하다. 분쇄 원두의 크
    기와 추출 시간은 반비례하며 클수록 추출 시간은 짧아진다.

4. 뜸들이기를 하는 이유는 원두에 포함된 탄산가스를 배출하고, 추출을 위
    한 길을 만들어주기 위해서이다. 농밀한 커피 맛을 원하면 3, 4회 끊어서
    드립하고, 농도가 낮고 부드러운 맛을 원하면 끊지 않고 드립을 한다.

5. 추출 시간이 길어질수록 쓴맛이 강조된다. 지나치게 길면 불쾌한 쓴맛
    이 추출되므로 주의해야 한다. 뜸들이기를 포함해 전체 추출 시간은
    2분~2분 30초 내외로 한다.

6. 드립을 할 때 따르는 물의 양과 드립포트와 드리퍼의 간격을 일정하게
    유지하는 것이 좋다.

가배무사 수행 준비 과정

1. **정확히 무엇을 할 것인지 목표가 명확해야 한다**

나는 나가사키, 교토, 도쿄의 커피 명가에 들러 훌륭한 핸드드립커피가 무엇인지 경험할 것이다. 더 나아가 명장에게 내 커피를 맛보게 하고, 핸드드립 실력은 어느 정도인지 평가받을 것이다.

2. **왜 하려고 하는지 이유가 분명해야 한다**

사실상 일본은 핸드드립의 종주국이나 다름이 없는 나라다. 그들에게 내 커피와 핸드드립 실력을 평가받으면 매너리즘 빠진 내 상황을 타개할 수 있는 훌륭한 시간이 될 것이다. 또한 핸드드립 기술을 배울 수 있는 좋은 기회이기도 하다.

3. **실패는 자연스러운 것임을 인정해야 한다**

설사 커피 명장을 만난다고 해도 생면부지에다 일본말도 못하는 외국인인 나를 거부하는 것은 이상한 일이 아니다. 그럼에도 열에 한 명은 나에게 기회를 줄 것이라는 기대로 도전한다.

4. **실패를 통해 배운다**

커피 명장들이 나를 거부한다면, 그 나름의 이유가 있을 것이다. 준비가 부족했거나 아니면 내가 무례했다거나 등. 무엇이 부족했는지 깨달은 후 다음에 떠날 때는 실수를 반복하지 않겠다는 다짐을 한다.

5. **평소 대범함을 기를 수 있는 행동을 연습한다**

가장 어려운 것은 여기 왜 왔는지 그들에게 처음으로 말을 붙일 때이다. 내 경우, 언어와 환경이 다른 많은 나라를 여행하면서 대범함을 기를 수 있었다. 처음 만난 사람에게 길을 묻는 연습을 하자. 이것 하나만으로 대범함을 기르는 데 큰 도움이 된다. 나 역시 해외에서 외국인과의 첫 대면은 길을 묻는 것이었다.

6. **수업료를 아깝게 생각하지 말라**

1인 매장을 운영하고 있는 탓에 열흘 동안 일본으로 떠날 경우, 매장 문을 닫아야 한다. 그뿐인가. 항공료, 체류비 등을 합하면 지출이 이만저만이 아니다. 커피 명장을 만나 무언가를 배우려 한다면, 그 정도 수업료는 지출해야 한다고 생각했다.

7. **실행에 옮기기 전에 충분한 실력을 쌓아야 한다**

나는 누구에게 내놓아도 부끄럽지 않은 핸드드립 실력을 갖추었다고 생각했다. 여러 손님들에게 검증을 받았고, 스스로도 자신감이 있었다. 손님이 있든 없든 매일 핸드드립 연습을 했고, 그러는 사이 나만의 핸드드립 스타일을 만들었다. 실력을 쌓지 않고 덤비면 추억은 될 수 있으나, 배울 수 있는 것은 적다. 아는 만큼 배운다.

8. **그 일에 대한 간절함이 있어야 한다**

하고 싶은 일에 대한 목표, 이유, 실력 등을 갖추었다고 해도 그 일을 하고 싶지 않으면 아무짝에도 쓸모없는 것이다. 지금 나에게 커피는 분신과도 같은 존재다. 그 커피를 평가받고 싶었고, 핸드드립 실력이 어디쯤 와 있는지 알고 싶었다. 즉, 지금 나는 어떤 사람인가 확인하고 싶었다. 커피 수행을 떠나지 않고는 요동치는 내 심장을 진정시킬 수 없었다. 그 정도의 간절함이 있었기에 일본으로 커피 수행을 떠날 수 있었고, 명장을 대면했을 때 두려움보다는 기쁨이 넘쳤다.

159

COFFEE

ROAD

개인 카페가 사는 길

STEP
3

맛있는데
왜 안 될까?

자영업을 시작하는 사람 가운데 상당수가 음식점을 좀 만만하게 보는 경향이 있다. 음식점에 대한 잘못된 정보와 이유 없는 자만심이 문제의 원인이다. "음식 장사가 돈이 된다더라" "우리 엄마는 요리를 잘하니 백반집을 하면 성공할 것이다" 등 사람들이 갖고 있는 잘못된 생각은 결국 자영업의 실패로 귀결된다.

옛날에는 반찬을 재활용하기도 했고, 지금처럼 물가도 비싸지 않았으며, 사람들이 현금으로 계산을 했기에 재료비가 덜 들고 탈세를 하면서 재미를 봤다고 들었다. 그런데 지금은 어떠한가? 반찬을 재활용했다가는 식당 문을 닫아야 하고, 물가도 비싸서 시장보기가 만만치 않다. 그리고 열에 아홉은 카드로 결제하기 때문에 수입을 감추기도 쉽지 않다.

또한 식당뿐 아니라 거의 모든 개인 자영업이 업종을 막론하고 포화 상태에 있다. 말 그대로 완전 경쟁 상태에 있어 어지간해서는 개업 후 1년을 넘기기가 쉽지 않다.

본인이, 아내가, 엄마가 요리를 잘한다고 생각해 식당을 열었다가는 열이면 열, 모두 시장의 쓴맛을 볼 것이다. 맛이란 것은 지극히 주관적이어서 대부분 자기 집밥이 맛있다고 느낀다. 단지 그것은 맛뿐만이 아니라 집이 주는 편안감과 익숙함도 한몫한다. 그것을 불특정 다수에게 돈을 받고 판다고 가정해보자. 그때는 얘기가 달라진다. 집에서는 그냥 넘어갈 수 있는 것도 손님상에 올라오는 순간 매서운 비판을 벗어날 수 없다. 맛과 서비스에 한 번이라도 불만족스러운 경험을 한 고객은 여간해서는 그곳을 다시는 찾지 않는다. 선택할 수 있는 식당이 천지이기 때문이다.

커피도 마찬가지다. 놀랍게도 사람들이 간과하는 것이 있는데, '커피도 음식'이라는 점이다. 본인이 생각할 때 맛있는 것 같아도 고객들이 느끼기에는 대단하지 않을 수 있다.

사실 커피에 대한 평가는 사람마다 날카롭기도 하고 무디기도 해서 어려운 업종이다. 내가 과거 매출 부진으로 고생한 이유는 커피 맛에 대한 이유 있는 자신감 때문이었다. 실제로 수많은 고객들이 내 커피를 맛있게 느꼈고, 스스로도 커피 맛을 높이기 위해 부단히 노력을 해왔다.

그런데도 내게 부족한 것이 두 가지 있었다.

바로 고객이 커피를 향유하기에는 턱없이 좁은 공간의 협소함과 상권에서 벗어나 한적한 주택가에 위치해 있다는 점이었다. 공간이 넓지 않다 보니 고객 간의 대화 소리가 옆 테이블뿐만 아니라 나에게까지 들려왔다.

카페에서 수다를 즐긴다고 해도 그 내용이 여과 없이 고스란히 옆 사람에게까지 전해진다면 말을 하는 사람이나 어쩔 수 없이 듣는 사람 모두 유쾌하지 않을 것이다. 10평밖에 안 되는 공간에 테이블이 4개나 있었고, 큰 로스터기와 에스프레소 머신 그리고 기다란 바를 감안하면 고객의 불편은 이루 말할 수 없었을 것이다.

한적한 주택가에 있다는 것이 지금은 크나큰 축복이지만, 과거에는 치명적인 단점이었다. 한 잔에 3,000~4,000원이나 하는 커피를 집 앞에서 즐기는 사람은 많지 않다. 사람들이 카페를 가는 이유는 혼자 책을 보거나 친구를 만나거나 업무적인 미팅을 하기 위해서가 대부분인데, 주택가의 작은 카페는 여러모로 매력이 떨어질 수밖에 없다.

커피 맛이 좋아 카페를 자주 찾는 단골은 있었으나, 그 수가 소수였고 매장 운영에 큰 도움이 되지는 않았다. 카페도 어디까지나 장사이므로 불특정 다수를 상대로 영업을 해야 하고, 그들이 자주 찾아와야 돈을 벌 수 있다.

그런데 커피 꼬모는 어떠했나? 공간은 좁지, 위치는 애매하지, 고객들이 3,000~4,000원을 지불하면서까지 찾아야 하는 이유가 별로 없었다. 주인이 독특한 이력의 소유자라든가 스토리가 재미있어 호기심은 불러일으킬 수 있을지는 몰라도 그건 어디까지나 한두 번이면 족하지 지속적으로 찾는 카페가 되기에는 부족함이 있었다.

사람들이 카페를 찾는 것은 대개 커피를 마시고, 공간을 소비하기 위함이다. 그런데 나는 공간에 대한 것을 너무 가벼이 여겼다. "커피만 맛있으면 되지 공간이 좁으면 어떠한가?" "커피만 마시고 잠깐 있다가 가면

에스프레소 머신과 그라인더

초창기 커피 꼬모 내부

되지 굳이 위치를 문제 삼는가?" 등 내 중심적으로만 생각을 했다.

마치 우리 엄마 음식이 맛있는데, 왜 사람들이 안 올까? 같은 오류에 빠진 것이다. 그것을 깨닫기까지 개업 후 4년이나 걸렸다. 그 기간 동안 나는 끊임없이 남들에게 없는 차별화된 스토리를 생산해내는 것에만 전념했다.

일본의 커피 장인들을 찾아 나선 가배무사수행, 커피 전문 팟캐스트 〈커피 읽어주는 남자〉, 오지여행가로 출연한 EBS 〈세계테마기행〉 등이 바로 그것이다. 물론 그런 것들이 카페 운영에 아무런 도움이 되지 않았다는 것은 아니다. 다만 내가 집중해야 하는 핵심적인 것은 아니었다는 점이다.

내가 전념해야 하는 것은 바로 '장사'였는데, 그것을 모르고 딴짓만 하고 있었던 것이다. 그러는 사이에 매출은 좀처럼 늘지 않았고, 날이 갈수록 가계 살림은 팍팍해져갔다.

지금 돌이켜보면, 참으로 답답한 하루의 연속이었다.

여의도 증권가로의
외도

여러모로 나와 카페를 알려갔지만, 세상과 사람들에게 알려진 만큼 카페 운영은 좀처럼 나아지지 않았다. 참으로 아이러니한 일이 아닐 수 없었다. 그래서 더 힘들었는지도 모른다.

그러던 차에 지인에게서 연락이 왔다. 이번에 다른 증권회사로 이직을 하는데, 팀을 새로이 조직하려 한다며, 혹시 함께할 뜻이 있는지 물었다. 마침 나도 상황이 그리 좋은 편은 아니었기에 그 제안이 달콤하게 들렸다.

그 당시 내게는 커피를 배우는 제자 겸 직원이 한 명 있었기 때문에 그가 주중 오전과 오후 영업을 혼자 맡아준다면, 나도 투잡을 뛸 수 있을 것 같았다. 직원에게 양해를 구하고, 여의도 증권가와 카페를 오가며 두 가지 인생을 살기로 마음먹었다. 잘하면 이번 기회에 여의도에서 돈을 벌어 살림살이도 나아지고 더 나아가 매장 확장도 할 수 있지 않을까 하는 기대감에 젖어 있었다.

월요일부터 금요일까지는 오전 6시 여의도 증권회사에 출근해 오

핸드드립 경연 중인 커피 교실 회원들

후 4시까지 업무를 봤다. 그후 미팅이 없으면 바로 카페로 이동해 정장바지와 흰 셔츠 차림으로 앞치마를 두른 채 밤 9시까지 커피를 추출하고 손님을 맞았다. 주중에 외부에서 커피 특강이라도 있으면, 그 복장 그대로 이동해 강의를 이어갔다. 주말에는 하루 종일 카페에서 일했다. 그야말로 일주일 내내 하루도 쉬지 않고, 여의도 증권맨과 카페 사장 겸 바리스타로서 역할을 바꿔가며 치열하게 산 것이다.

증권회사에서 나의 주요 업무는 IBInvestment Bank 브로커리지였다. 기업 공개, 기업 매각 주선 등 여러 업무를 했으나, 대개 자금이 필요한 기업과 금융기관을 연결해주고 중개수수료를 받는 일이 주요 업무였다.

고객사 담당자를 만날 때면 준비하는 것이 있었는데, 다름 아닌 더치커피였다. 커피를 선물로 주니까 다들 신기해하고 궁금해했다. 내 전후 사정을 듣고 난 후 그들의 반응은 "내가 참 재미있는 인생을 살고 있다"라는 것이었다. 아마 그들 눈에는 증권회사가 나의 주업이고, 카페는 취미로 하는 것으로 보였던 것 같다.

어쨌든, 마케팅 수단 중 하나는 커피였다. 핸드드립 도구를 넣은 커피 상자, 가배함을 들고 가 본격적인 미팅을 하기 전에 핸드드립으로 커피를 추출해 대접하면 어색하고 무거운 분위기가 한결 가볍고 밝아졌다. 커피를 싫어하는 사람은 거의 없었기 때문에 다들 흥미를 보였다. 나의 이런 마케팅 툴은 어느새 증권회사 대표님께도 들어가 임원 경영전략 회의 때 참신한 마케팅 사례로 소개되기도 했다.

여의도에는 지인뿐 아니라 대학 선후배들이 은행, 증권, 보험 등 각

169

종 금융회사에 포진해 있었다. 그 가운데 한 후배가 커피를 매개로 여의도에서 모임을 하나 만들면 어떻겠냐며 제안해왔다. 그래서 만든 것이 '여의도 금융인을 위한 커피 교실'이었다.

알음알음으로 15명이 모였다. 매주 수요일 점심시간 11시 50분부터 12시 50분까지 한 시간 동안 모임을 가졌다. 내가 커피에 대해 강의하고 커피 추출 시범을 보인 후 함께 추출 실습을 하는 모임이었다. 점심은 샌드위치나 햄버거 등 가벼운 도시락으로 해결하고, 직접 추출한 커피로 음료를 대신했다. 서로 일하는 회사와 업무는 달랐으나, 커피라는 공통분모가 있어 금세 가까워졌다. 다시 한번 커피가 가진 매력과 무한한 가능성을 확인할 수 있었다.

얼마 후 커피 교실에서 만난 선배 덕에 다시 한번 좋은 기회를 얻게 되었다. 더 큰 증권회사로 이직할 기회를 얻게 된 것이다. 연봉이나 대우가 이전보다 좋았기에 망설일 이유가 없었다. 업무 또한 내가 잘하고 원하는 것을 할 수 있는 분야여서 매력적이었다. 그러나 결국 이직을 포기할 수밖에 없었다. 회사에서 투잡을 허용하지 않는다는 방침 때문이었다. 둘 가운데 하나를 택하라고 하면서 카페를 정리하라고 했다.

내가 여의도로 돌아온 것은 커피를 포기했기 때문이 아니라 커피를 더 잘하기 위한 자금을 마련하기 위한 것이었다. 만약 내게 둘 중 하나를 택하라고 한다면, 조금의 망설임도 없이 커피였다. 여러모로 힘써준 선배께는 뭐라 말할 수 없이 죄송했지만, 아쉬움을 뒤로한 채 여의도를 떠나기로 결심했다. 만 5개월 동안의 외도는 이렇게 종지부를 찍었다.

싸고
맛있는 커피

Learn from your experiences and errors.

당신의 경험과 실수로부터 배워라.

— 월가의 격언

대개 많이 배운 사람일수록, 나이가 많은 사람일수록, 전문가라는 타이틀을 가진 사람일수록 자신의 실수를 인정하기 싫어한다. 자신이 틀렸다는 것을 인정하는 순간 자존심이 상한다고 생각하기 때문이다. 그래서 어떻게든 자신의 논리로 상대방에게 자신이 맞았음을 증명하기 위해 안간힘을 쓴다.

나 역시 그들과 크게 다르지 않았다. 내 커피가 많이 팔리지 않는 것은 사람들이 내 커피의 가치를 모르기 때문이라고 생각했다.

사람들이 카페의 근본인 커피를 소비하지 않고, 공간과 위치를 소비하기 때문에 내 커피가 소수에게만 소비된다고 여겼다. 고객들의 커피에 대한 식견이 높아지면 내 커피는 지금보다 더 인정을 받을 것이라고 스스로 믿었다. 지금 돌이켜 생각해보면 얼마나 어리석고 편협한 생각이 었는지 부끄러움에 얼굴이 화끈거릴 정도다.

어떤 상품과 서비스가 시장에서 외면받는 경우는 크게 두 가지다.

첫째, 그 상품을 소비할 사람이 없거나 극소수일 때다.

둘째, 제시한 가격을 지불하고 소비하기에는 무언가 부족하기 때문이다.

내가 그동안 고객에게 어필한 것은 일정 수준 이상의 커피 맛, 다른 사람과 차별화된 이력과 커피 공부였다. 즉 '커피와 나'라는 상품을 조합한 것이었다. 그런데 내가 간과한 것이 몇 가지 있었다.

우선, 커피를 소비하는 사람들이 많아진 만큼 카페의 수도 그만큼 늘었다는 것이다. 그다음으로는 공간을 제공하지 않는 카페에 대해 손님이 지불하고자 하는 커피 가격에 대한 정보이다. 마지막으로 한국 경제가 장기 불황에 접어들었다는 점을 감안하지 않았다.

2010년 내가 처음 카페를 열었을 때만 해도 반경 300m 안에 카페는 커피 꼬모를 포함해 단 3곳에 불과했다. 그러나 지금은 거의 20곳에 육박한다. 그만큼 선택지가 다양해졌다는 것이다.

아무리 내가 직접 로스팅을 하고 커피 맛이 괜찮아도 거의 테이크아웃밖에 대안이 없는 카페의 커피 가격이 지나치게 비쌌다. 당시 3,000~4,000원이면 넓고 쾌적한 공간에서 남의 눈치 안 보고 몇 시간이고 커피 음료와 공간을 소비할 수 있는데 굳이 왜 내 카페를 찾겠는가. 아주 소수의 충성스러운 고객만이 종종 내 카페에 올 뿐이었다.

의류에서는 유니클로, 전자제품에서는 샤오미의 폭발적인 성장과 인기를 보면 카페 역시 나아가야 할 방향이 나온다. 지금과 같은 전 세계적인 장기 불황에는 싸고 좋은 제품과 서비스만이 고객의 선택을 받는다.

커피 역시 크게 다르지 않다. 더욱이 좁은 공간과 위치의 핸디캡을 갖고 있는 카페가 살 길은 결국 일정 수준 이상의 맛을 유지하면서 가격을 확 낮추는 수밖에 없다.

그럼에도 섣불리 큰 폭의 가격 인하를 할 수 없었던 것은 두 가지 이유 때문이었다. 첫째, 가격을 인하했음에도 고객의 반응이 좋지 않으면 오히려 전체 매출과 수익성 모두 악화되기 때문이다. 둘째, 한번 가격을 인하하면 고객 반응의 좋고 나쁨을 떠나 다시 가격을 올릴 경우 저항이 거세다는 점이다.

가만히 있자니 카페의 경쟁력은 나날이 낮아질 것이고, 그렇다고 가격을 인하하자니 고객의 반응에 대한 확신이 없었다. 결국 내가 쓸 수 있는 카드는 가격을 인하하되 남들이 절대 따라 할 수 없을 정도로 파격적으로 가격을 내리는 것이었다. 그래서 내놓은 것이 '1,000원 아메리카노', 그 외 모든 커피 메뉴 50퍼센트 할인이었다. 매장 직원을 비롯해 아내까지 모두 내 결정에 반대했다. 그들의 판단은 지극히 정상적인 것이었다. 그러나 비정상이 정상을 넘어설 수도 있는 법이다.

고객에게 공간을 제공할 수 없다면, 그만큼의 커피 가격을 빼줘야 한다고 생각했다. 고객이 커피 가격에 대해 미안해할 정도로 인하해야 한다. 이전에는 고객이 내 커피를 팔아준다고 여겼다면, 이제는 내 덕에 싸고 맛있는 커피를 제공받는다고 느끼게 해야 한다고 판단했다.

따뜻한 커피 한 잔을 즐기는 데 단돈 1,000원, 이 가격이면 분명 많은 이들의 관심을 끌 수 있을 거란 확신이 들었다.

우선 많은 사람들이 내 커피를 즐기게 하자. 커피 가격을 내렸다고 품질까지 떨어뜨려서는 안 된다. 아마 고객 가운데는 가격이 인하되기 이전과 다른 원두를 쓸 거라는 오해를 하는 이도 있을 것이다. 하지만 전과 동일한 생두를 사용하고, 로스팅과 추출에 더욱 신경을 썼다. 또한 커피에 대한 자부심과 책임감을 가지자는 의미에서 카페 이름을 커피 꼬모에서 '구대회 커피'로 바꾸었다.

누가 봐도 쉽게 알 수 있도록 가격 인하를 알리는 대형 배너를 제작해 카페 앞에 붙였다. 이전과는 달리 카페가 만만하게 보일 수 있도록 단순 명료하게 접근했다. 그렇게 내가 쓸 수 있는 모든 카드를 던진 후, 초조하게 고객의 반응을 기다렸다.

신수동의
커피 전도사

'설탕보다는 작고, 밀가루보다는 큰 커피 가루 8~9g을 9기압의 압력과 93℃의 온도로 20~30초 동안 추출한 20~30cc의 커피 원액.'

에스프레소의 정의다. 많은 사람들이 커피를 즐기지만, 아직도 에스프레소는 대부분의 사람들에게 미답의 영역으로 남아 있다. 잠시 발을 담갔다가도 에스프레소의 독하고 쓴맛에 이내 줄행랑치고 만다.

왜 사람들은 에스프레소를 즐기지 않는 것일까. 바로 두 가지 이유 때문이다. 우선, 양은 간장종지의 간장마냥 적은데, 가격은 아메리카노에 뒤지지 않는다. 다음은, 맛있는 에스프레소를 경험하기 어렵기 때문이다. 개인이 운영하는 부티크 카페의 경우도 대개 그 맛이 별로다. 간혹 용기를 내어 에스프레소를 주문해보지만, 그 독하고 쓴맛에 두 손 두 발을 들고 만다.

나는 에스프레소를 즐겨야 진짜 커피 맛을 알 수 있다는 믿음이 있

구대회 커피 초창기 전경

더치커피 선물 세트

다. 고객들이 카페에서 에스프레소를 즐길 때 비로소 원두커피가 인스턴트커피와 RTD커피 소비를 넘어설 수 있을 것이다. 그러기 위해서는 에스프레소의 가격이 1,000~2,000원 사이여야 하고, 무엇보다 맛있어야 한다.

그래서 2014년 11월, '신수동의 에스프레소 전도사가 되겠습니다. 그래서 천 원입니다'라는 대형 배너를 제작해 카페 입구에 걸었다. 가격이 저렴하니 한번 맛을 보라는 취지였다. 가격 저항이 줄면 고객들이 쉽게 다가올 수 있으리라는 믿음 때문이기도 했다.

에스프레소는 누구에게나 첫사랑처럼 다가온다. 첫사랑처럼 준비되지 않았을 때 경험하게 되며, 그래서 첫 경험은 대개 실패로 끝난다. 고객이 에스프레소를 주문하면 커피를 즐기는 방법에 대해서 상세하고 친절하게 설명해주었다. 몇몇 고객은 난생처음 에스프레소를 마셔본다며 예상보다 맛이 나쁘지 않다고 했다. 지금도 고객들에게 에스프레소에 대해 입에 침이 마르도록 설파하고 있지만, 여전히 에스프레소를 찾는 고객은 미미한 수준이다.

더치커피는 이제 많은 사람들이 듣거나 경험해 알고 있지만, 내가 처음 카페를 시작했을 때만 해도 익숙하지 않은 커피 음료였다. 더구나 주택가에 위치한 카페에서 더치커피를 판다고 했을 때, 고객의 대부분은 커피를 상온의 물로 장시간 추출한다는 것에 생소해했다.

얼음 위에 부어 마시는 더치 온더록스, 뜨거운 물이나 찬물로 희석해 마시는 더치 아메리카노, 우유를 희석해 부드럽게 즐기는 더치 라테 등 더치커피는 특유의 편리함과 저카페인 때문에 일찍부터 이것이야말로 나의 주요 수익모델이라고 판단했다.

결국 많은 사람들에게 이 커피를 알리고 즐기게 하는 것이 중요했다. 더치커피의 정의뿐 아니라 추출 과정에 대해 상세히 설명을 해주고, 원하는 고객에게는 무료로 시음을 할 수 있도록 했다. 진한 커피에 익숙한 고객들은 커피가 좀 밋밋하고 싱겁다고 했지만, 반대로 연한 커피를 선호하는 고객들은 커피가 부드럽고 구수하다고 했다. 후자의 경우, 일부는 실제 구매로 이어졌고, 그들은 더치커피를 지속적으로 찾았다.

고객들이 더치커피를 집에서 편하게 즐길 수 있도록 병에 담아 판매했다. 작은 것은 375ml, 중간 것은 500ml, 큰 것은 1L 사이즈로 다양화해서 고객들이 필요에 따라 선택할 수 있게 했다. 또한 자가소비뿐 아니라 각종 기념일과 감사의 날에 선물할 수 있도록 선물 포장을 준비했다. 구대회 커피가 위치한 신수동만큼 여름 음료로 알려진 더치커피를 1년 내내 즐기는 동네도 아마 드물 것이다.

그 당시 구대회 커피의 아메리카노와 에스프레소는 단돈 1,000원에 불과했다. 가격이 저렴하다고 품질까지 그렇지는 않았다. 최상의 원두를 사용하는 것은 물론이고, 한 잔을 추출하더라도 성심성의껏 최선을 다했다. 추출이 잘못된 것은 고객에게 내지 않고 다시 추출했다. 커피를 받아든 고객은 커피 한 모금을 맛보고는 자기도 모르게 감탄사를 내곤 했다.

10대 중반의 중학생부터 백발이 성성한 80대의 어르신들까지 구대회 커피를 즐겼다. 과자보다도 싼 1,000원으로 향기롭고 맛있는 아메리카노를 즐길 수 있기 때문이었다. 평소 인스턴트커피를 입에 달고 산 사람들도 가격 저항이 없기 때문에 하루에 한 잔 원두커피를 즐기게 된 것이었다. 중학생이 500원짜리 동전 두 개를 들고 카페로 향하는 모습, 백발이 성성한 어르신이 꼬깃꼬깃한 1,000원짜리 지폐 한 장을 들고 카페 문을 여는 모습은 구대회 커피에서 흔히 볼 수 있는 풍경이었다.

그러나, 내가 커피 공부를 하기 위해 전 세계 수많은 나라를 여행했을 때 본 것은 카페가 삶의 공간과 멀지 않은 공간, 주택가 깊숙이 들어와 있다는 것이었다. 다만 우리와 다른 것은 그 나라들은 오래전부터 카페 문화가 정착해 있다는 것이었다. 지금의 원두커피 확산 속도로 볼 때 결국 우리나라도 머지않아 그렇게 될 것이라는 믿음이 있었다.

집에서 1분 거리에 합리적 가격의 맛있는 커피를 즐길 수 있다는 것은 커피 애호가들에게 큰 축복이다. 구대회 커피에서는 슬리퍼를 신고 카페를 찾은 고객이 따뜻한 카페라테 한 잔을 받아들고 집으로 향하는 모습을 자주 볼 수 있다. 굳이 차를 몰고 멀리 가지 않아도 집 앞에서 맛있는 커피를 즐길 수 있어 동네 주민들은 행복해한다.

비록 지금은 원부재료와 임금의 급격한 인상으로 1,000원 아메리카노는 할 수 없지만, 여전히 합리적 가격의 맛있는 커피를 제공하는 커피 전도사다.

보편적 커피 복지의 비밀

"사장님, 이렇게 팔아서 남아요? 우리야 좋지만……."

카페를 찾은 고객들이 가장 많이 던지는 질문이다. 맛있는 커피를 다른 곳보다 저렴하게 제공해 많은 이들이 가격 저항 없이 양질의 원두커피를 즐길 수 있도록 하자는 것이 바로 내가 주창하는 '보편적 커피 복지'다. 국민의 세금으로 운영되는 정부 기관도 아닌 개인사업자에게 어떻게 가능할까? 무엇보다 영리를 위해 카페를 운영하는 내가 왜 이렇게 해야 하는 것일까?

결론부터 얘기하면, 의료보험과 박리다매에 그 답이 있으며, 정글 같은 커피 시장에서 생존하기 위해서는 반드시 해야 하는 일이다.

신선하고 흠 없는 양질의 원두로 추출한 아메리카노를 1,000원에 팔면 임차료, 인건비 등 고정비까지 감안했을 때 남는 것이 없다. 아니 손해를 보기도 한다. 그럼 나는 왜 아메리카노를 1,000원에 팔았던 것일까?

답은 객단가에 있다. 고객 한 사람이 와서 아메리카노 한 잔을 주문했을 때와 혹은 두 잔 세 잔을 주문했을 때, 아메리카노 한 잔의 원가는 큰 차이를 보인다. 즉 한 사람 혹은 두세 사람이 함께 와서 여러 잔의 커피를 주문했을 때, 객단가는 올라가고 판매량이 늘어날수록 전체 비용 중 고정비의 비중은 떨어지므로 잔당 원가는 떨어진다. 결국 판매 수익은 호전된다.

최악의 경우는 한 사람이 한 잔의 아메리카노만 계속 주문하는 경우다. 우리 삶이 그러하듯 그런 일이 항상 일어나진 않는다. 결국 고객을 많이 받을수록 대개 수익성이 높아지는 구조다.

병원에 가면, 가벼운 감기 환자부터 심각한 심혈관 질환 환자까지 다양한 병명으로 내원한 것을 볼 수 있다. 개인 의원뿐 아니라 대학 병원까지 아픈 환자를 치료하는 것이 본분이겠지만, 수익성이 악화되면 병원 문을 닫아야 하므로 수익성을 고려하지 않을 수 없다.

즉 병원 역시 돈이 되는 환자가 있고, 돈이 안 되는 의료보험 수가 이하의 환자가 있다는 얘기다. 그렇다고 법을 어기면서까지 돈이 되는 환자만 받을 수도 없는 노릇이다.

피부과를 예로 들면, 무좀 환자부터 피부 탄력 및 개선을 위한 미용 환자까지 가리지 말고 받아야 한다. 그런데 매번 무좀과 같은 가벼운 피부질환 환자만 온다면, 우리로 치면 아메리카노 고객만 찾는다면 어떻게 될까? 환자가 병원 복도까지 고객이 줄을 선다면야 얘기는 달라지겠지만, 가뭄에 콩 나듯 환자가 드문드문 찾는다면 그 병원은 오래지 않아 간판을 내려야 할 것이다.

그러나 현실적으로 병원은 한 가지 병명의 환자만 찾지는 않는다. 무좀으로 피부과를 찾았다가 병이 깨끗이 낫고 의사가 자상하고 친절해 병원에 좋은 인상이 남았다면, 다음에는 다른 목적으로 찾기도 한다. 의료보험 수가 이하의 병도 받고 수가가 높은 환자도 받음으로써 병원의 수익성은 개선되고 높아진다. 즉 많은 수의 환자를 받아야 그 가운데 수익성이 높은 환자도 있다는 얘기다.

카페도 마찬가지다. 아메리카노를 마신 고객 가운데 그 맛에 만족했다면, 다른 메뉴에 대해서도 호기심을 가질 것이다. 아메리카노만 마셨던 고객도 더치커피를 마시거나 선물을 위해 구입할 수 있다는 것이다. 중요한 것은 커피 자체의 맛과 손님을 대하는 서비스다. 매번 아메리카노만 구매하는 고객이 어느 때 만 원 아니 십만 원의 매상을 올릴 수 있을지 모르는 일이기에 차별하거나 소홀히 대하면 안 된다.

의료보험이 유지될 수 있는 것은 소득이 많은 사람이 매달 많은 보험료를 내기 때문이다. 상대적으로 소득이 적은 사람은 적은 보험료를 지불하고도 많은 보험료를 낸 사람과 동일한 의료보험 혜택을 누린다. 마찬가지로 과거 구대회 커피에서 '1,000원 아메리카노'가 유지될 수 있었던 요인 중 하나는 마진이 높은 더치커피와 원두를 구입하는 고객이 있기 때문이었다.

평소 아메리카노를 마시는 고객도 더치커피와 원두를 구입하기도 했고, 커피 음료는 마시지 않는 고객이 항상 원두나 더치커피를 구입하기도 했다. 즉 낮은 커피 가격이 유지될 수 있었던 것은 가격이 높은 원두와 더치커피를 고객이 구매하기 때문이었다.

결국 보편적 커피 복지는 고객이 구입한 커피에 의해 유지된 것이었다.

누구에게나
합리적 가격의 맛있는 커피를

요즘 연일 매스컴을 장식하는 키워드 가운데 가장 두드러지는 것은 '불황'이다. 불황은 실업을 동반한다. 실업은 소비 위축을 가져와 기업의 수익성을 악화시킨다. 이는 결국 실업의 증가로 이어지는 악순환이 반복된다. 그럼에도 잘나가는 기업이 있는데, 바로 싸고 좋은 제품을 제공하는 기업들이다. 불황과 그에 따른 소비 감소로 다른 기업들이 울상일 때 이들은 뒤돌아서서 숨죽여 키득키득 웃고 있다.

불황은 커피도 피해갈 수 없다. 요즘 양 많고 싼 커피가 대세라고 한다. 여러 저가 프랜차이즈 카페가 등장해 기존 프랜차이즈보다 양은 많으면서 가격은 아메리카노 기준으로 절반 정도에 불과한 저렴한 커피를 내놓고 있다. 사람들은 그곳으로 몰려 한참 동안 줄을 서서 커피를 사가고 있다. 문제는 커피 맛이 별로라는 데 있다. 그런 곳을 다녀온 사람들의 반응은 하나같이 "쓰기만 하고 맛이 없다"라는 것이다. 그래서 달콤한 소스와 크림이 듬뿍 들어간 커피 메뉴를 선택할 수밖에 없다고 한다. 커피는 마셔야겠고, 주머니 사정은 녹록지 않으니 맛은 양보하고 저가 커피를 사 마시는 것이다.

그러나 이런 업체들의 대부분은 몇 년 안에 소비자에게 외면받고 사라질 것이다. 소비자는 결국 맛을 선택할 것이고, 이미 일부 소비자 사이에서는 "공짜로 줘도 맛없는 커피는 마시지 않겠다"와 같은 분위기가 형성되고 있다.

커피는 마시는 편의성에 의해 크게 세 가지로 나눌 수 있다. 캔커피와 플라스틱 용기에 든 커피 등을 일컫는 RTD커피, 가공한 커피 분말과 알갱이를 물로 희석해서 마시는 인스턴트커피, 생두를 볶은 원두커피가 그것이다.

편의점에서 파는 커피는 RTD커피로 세 가지 커피 가운데 가장 쉽고 편하게 즐길 수 있다. 보관과 휴대성이 좋을 뿐만 아니라 가격 또한 저렴하다. 편의점에서 팔기 때문에 접근성 또한 용이하다. 여기에 맛까지 소비자의 기호에 맞게 적당한 단맛과 커피 본연의 맛까지 흉내냈다. 이러니 안 팔릴 수가 없다. 맛없는 카페의 커피보다는 오히려 RTD커피를 선호하는 소비자도 꽤 있다. 요즘은 심지어 액상원두커피에 뜨거운 물이나 얼음을 넣어 판매하고 있다. 아마 수년 내에 편의점마다 에스프레소 머신이 등장할 것이다. 개인이 카페를 운영하는 것은 점점 더 어려워질 것이다.

재미있는 것은 RTD커피가 점점 맛있어진다는 것이다. 왜 그럴까? 바로 원두커피 시장이 확대되고 있기 때문이다. 위기의식을 느낀 커피 회사들은 원두커피에 가까운 커피 맛을 내기 위해 혈안이 되어 있다. 우리가 원두커피를 많이 즐길수록 더 맛있는 대체 커피를 즐길 수 있는 것이다. 인스턴트커피 또한 점점 그 맛이 좋아지고 있다. 과자가 더 맛있어 진다는 얘기는 듣지 못했다. 빼빼로는 그 맛 그대로이고, 새우깡도 과거의 그 새우깡이다. 오히려 가격은 오르고 양은 줄고 있다. 커피만 그 맛과 품질이 진일보를 하고 있다는 점은 재미있다.

나의 목표는 커피 시장에서 편의점을 이기는 것이다. 내 카페 주변에 있는 편의점에 손님을 빼앗기지 않는 것이 중요하다. 그러기 위해서는 소비자에게 합리적인 가격의 맛있는 커피를 제공해야 한다. 커피를 매장에서 마시지 않고 투고to go 하는 고객에게 저렴한 가격으로 맛있는 커피를 제공할 수 있다면 충분히 승산이 있는 게임이다. 앞서 예상한 대로 편의점마다 에스프레소 머신이 놓인다면 지금의 RTD커피와 더불어 저렴한 원두커피가 제공될 것이다. 결국 가격뿐 아니라 맛에서도 앞선 커피를 만들 수 없다면 개인 카페의 미래는 암울하다는 얘기다.

시장에서 원두커피 소비가 늘어나면서 커피 회사들은 이에 대응하기 위해 더 맛있는 인스턴트커피와 RTD커피를 만들기 위해 고군분투하고 있다. 그럼 개인 카페는 어떻게 해야 하는가? 맛있는 커피와 더불어 독창적이고 경쟁력 있는 커피 메뉴 개발에 힘써야 한다.

구대회 커피에서는 블렌딩한 원두가 아닌 케냐AA와 과테말라 등 싱글 오리진으로 추출한 에스프레소와 아메리카노를 3,000원에 제공하고 있다. 예전에는 핸드드립으로만 다양한 원두 맛을 즐길 수 있었다면, 이제는 여러 대의 그라인더를 사용해 다양한 원두로 추출한 에스프레소를 즐길 수 있게 되었다.

요즘은 싱글 오리진을 찾는 고객이 점차 늘어나고 있는 추세다. 고객 가운데 열에 하나둘은 싱글 오리진을 베이스로 한 아메리카노와 카페라테를 주문한다. 하는 곳도 거의 없지만 간혹 다른 카페에서 케냐나 과테말라 같은 싱글 오리진을 즐기려면 6,000~7,000원 이상은 지불해야 할 것이다. 그러나 구대회 커피에서는 그의 반 가격도 안 되는 금액으로 최상급 커피 맛을 누릴 수 있다.

경제학 용어 가운데, '소비의 하방경직성'이란 것이 있다. 간단히 설명하면, 일단 소득이 줄어도 늘어난 소비는 다시 줄어들기 어렵다는 의미다. 이와 비슷하게 '입맛의 하방경직성'이란 용어도 만들 수 있겠다. 즉 '어떤 음식에 대해 한번 높아진 입맛은 여간해서는 떨어지는 않는다'라고 정의할 수 있다.

고객의 입맛을 높여놓으면 그들은 다른 곳으로 못 간다. 더구나 가격까지 파격적으로 저렴하다면 그들은 다른 곳에서 지갑을 열지 않게 될 것이다. 출근 도장을 찍듯 매일 카페에 들르는 고객에게 물어봤다. 왜 회사 근처에도 카페가 많은데, 10여 분 걸어서 여기까지 오느냐고. 그들의 대답을 듣고 더욱 맛있는 커피를 만들기 위해 노력해야겠다는 다짐을 했다.

"본사 지하에 회사에서 운영하는 카페가 있어요. 회사에서는 직원 복지 차원에서 하루에 한 잔 마실 수 있도록 커피 쿠폰을 주는데요, 요즘은 가지 않아요. 쓰기만 하고 맛이 없어요. 어떤 때는 탄 맛이 나기도 해요. 여기를 알고 난 후로는 회사 쿠폰을 쓸 일이 없어요".

합리적 가격의 맛있는 커피를 만드는 일은 경쟁력 있는 카페 경영을 위해 꼭 필요한 일이지만, 오늘도 내 커피를 맛보기 위해 원근 각지에서 오는 고객들을 위해 반드시 해야만 하는 나의 사명이기도 하다.

싱글오리진 전용 그라인더

저가 커피의
미래

우리 속담 가운데 "싼 게 비지떡"이란 말이 있다. 저렴한 만큼 떡을 만드는 데 쓰인 재료와 맛이 별로라는 의미인데, 이 속담을 커피에도 적용할 수 있을까. 과거에는 그랬을지 모르지만, 현재는 꼭 그렇지 않다. 지금으로부터 9년 전 1,000원 아메리카노를 내놨던 구대회 커피가 그랬고, 지금도 여러 저가형 프랜차이즈 카페에서 마실 만한 저가 커피를 제공하고 있기 때문이다. 심지어 1,000원 미만의 원두 커피도 있는데 고급스러운 맛은 아니지만, 편의점 원두 커피보다는 낫다는 게 이용한 사람들의 반응이다.

많은 소비자들이 궁금해하는 것은 과연 저렇게 팔아서 매장 운영이 될까라는 것이다. 만약 그 매장에서 1,000원 아메라카노만 팔린다면 적어도 하루에 1,000잔은 팔아야 생존이 가능할 것이다. 물론 무인 카페여야 한다. 하루에 1,000잔의 커피를 추출하려면 적어도 5~6명의 직원이 필요하고 도저히 그 인건비를 감당할 수 없기 때문이다. 대개 저가 커피를 팔면서 더불어 4,000~5,000원의 음료도 팔리기 때문에 가능한 운영 방식이다.

2014년부터 2017년까지 구대회 커피에서 1,000원 아메리카노를 판매하면서 얻은 것이 많다. 우선 손님이 이전보다 몇 배나 많아졌다는 것이다. 더불어 싸고 맛있는 커피로 인근에 소문이 많이 나 중고등학생부터 어르신들까지 다양한 연령대의 손님들이 찾았다는 것이다. 그렇다면 득만 있었을까. 지금까지도 그 후유증을 앓고 있는데 아직도 오랜만에 카페를 찾은 손님들이 하는 말이 있다. "여기 전에는 커피 한 잔에 1,000원이었는데 커피 가격이 올라도 너무 많이 올랐어."

2010년 9월 커피 꼬모라는 이름으로 카페를 열었을 때도 핫 아메리카노의 가격은 3,000원이었다. 13년이 지난 지금, 오히려 500원이 내린 2,500원이다. 지난 13년 동안 카페 직원의 임금은 두 배가 넘게 올랐고, 생두의 가격도 두 배 넘게 올랐으니 정상적이라면 커피 가격을 더 올렸어야 했다. 그럼에도 불구하고 1,000원 아메리카노의 영향 때문에 커피 가격을 올렸다는 소리를 들어야 하는 처지가 됐다.

만약 커피 가격을 파격적으로 내릴 생각이라면 이것을 한시적으로 할 것인지 아니면 아예 저가 커피 콘셉트로 방향을 전환할 것인지 결정해야 한다. 그렇지 않으면 내 경우처럼 시간이 한참 지난 후에도 과거의 흔적에서 자유로울 수 없기 때문이다. 지금처럼 임금과 커피 원부재료의 값이 높은 상황에서는 직원을 고용한 개인 카페가 저가 커피 콘셉트를 유지한다는 것은 불가능에 가깝다.

저가 커피에 대한 사람들의 인식은 어떠할까. 싸고 맛있는 커피를 항상 마셨던 사람이라면 그 이미지가 굉장히 좋겠지만, 저가 커피 가운데는 정말 싼 게 비지떡이란 속담이 잘 어울리는 곳도 더러 있어서 대개 좋은 인식을 가지고 있지 않다. 그 이유는 사람들의 입맛의 수준이 높아졌기 때문이다. 한번 높아진 입맛은 절대 여간해서는 떨어지지 않는다. 몇 년 전에는 아무 문제가 없었던 커피였더라도 지금은 외면받을 수도 있는 것이다. 서두에 마실 만한 커피를 제공한다는 의미가 꼭 맛있는 커피는 아니라는 것이다.

현재 커피 시장의 구조는 스페셜티 원두를 사용하는 고가의 카페, 아메리카노 기준으로 4,000원 대의 커피를 제공하는 프랜차이즈 카페, 다양한 가격대의 개인 카페, 그리고 2,000원 미만으로 아메리카노를 즐길 수 있는 저가형 카페(편의점 카페 포함)로 구분할 수 있다. 네 개의 시장은 완전히 독립적이면서 동시에 서로 영향을 주고 받는 구조로 각자 생존하고 있다. 손님들의 취향에 따라 가는 곳이 다르기 때문에 이제는 장사가 안 된다고 해서 커피 가격을 낮춘다면 오히려 이미지가 훼손될 수 있으므로 주의해야 한다.

커피 소비에 대한 사람들의 취향은 극명한 차이를 보인다. 커피 가격에 신경 쓰지 않고 오로지 맛있는 커피를 찾는 커피 러버, 한 잔은 중가 이상의 맛있는 커피를 즐기고 다른 한 잔은 편의점 등 저가 커피로 채우는 커피 실속파, 오로지 카페인 섭취와 갈증 해소가 목적인 저가 커피 추구형이 그것이다. 만약 본인이 카페를 시작하고자 한다면 가장 먼저 고려해야 할 것은 커피 메뉴나 인테리어가 아닌 어느 정도 가격대의 커피를 판매할 것인가를 정해야 하는 이유가 여기에 있다.

인류가 더 나은 방향으로 진보하는 것처럼 커피의 맛과 서비스 역시 점점 좋아질 것이다. 더욱이 그 어떤 나라보다 경쟁이 치열한 한국에서는 더욱 그렇다. 저가 커피의 맛은 어떻게 될까. 그것은 과거 수년간 인스턴트와 RTD커피 변화상에서 찾을 수 있다. 과거 로부스타나 품질이 낮은 아라비카를 사용했을 때와는 다르게 요즘 인스턴트와 RTD커피의 맛이 훨씬 좋아졌다. 그 이유는 소비자의 입맛이 높아졌기 때문이다. 기술의 진보와 저가형 프랜차이즈 카페의 생존 때문이라도 저가 커피의 맛은 더욱 좋아질 것이다.

개인 카페가
사는 길

한참 동안 공실로 있던 상가에 개인 카페가 들어오더니 5개월도 못 가 카페 문을 닫았다. 얼마 후 그 자리에 저가 커피로 유명한 프랜차이즈 카페가 들어왔다. 우리나라의 창업 현실을 짐작하게 만드는 단면인 동시에 개인 카페가 얼마나 취약한지를 보여주는 예라 하겠다. 평소 누구보다 커피를 좋아했고 나름대로 충분히 준비 후 카페를 차렸다고 생각했겠지만, 막상 직면한 현실은 서슬 퍼런 칼날처럼 날카로웠을 것이다. 손님들의 선택은 언제나 우리의 연약한 공간을 비집고 들어온다. 그게 냉정한 현실이다.

개인이 카페를 하면서 겪는 가장 큰 어려움은 무엇보다 자본의 부족이다. 노후된 에스프레소 머신을 새것으로 교체하거나 인테리어를 일부 바꾸려고 해도 금전적인 어려움 때문에 엄두가 나지 않는다. 일반사업자라면 예정고지까지 포함해 일년에 네 번 부가가치세를 납부하기 때문에 이 하나만으로도 숨이 턱턱 막힌다. 분명 카드 매출이 통장에 들어온 것 같은데 원두를 포함해 원부재료와 각종 공과금이 빠져 나가면 어느새 통장은 말 그대로 '텅장'이 된다.

아무리 작은 카페라 하더라도 카페의 성장과 개인 용무를 위해서는 파트타임 직원이라도 있어야 한다. 만약 혼자서 카페를 운영한다면 몸이 아프거나 급한 일정으로 카페를 비울 일이 있을 때 문을 닫아야 하는 일이 생긴다. 급할 때 자리를 봐줄 수 있는 지인이 있다면 더할 나위 없겠지만, 현실적으로 쉬운 일이 아니다. 파트타임도 내가 딱 필요한 시간만 쓰면 좋겠지만, 일하는 사람 입장에서는 주휴수당을 받을 수 있는 곳을 찾기 때문에 사용자의 입맛에 맞게 사람을 구하기란 그리 녹록치 않다. 결국 직원을 쓰지 않거나 필요 시간 이상으로 쓸 수 밖에 없을 것이다.

수십 년간 한 자리에서 자리를 잡은 이름난 카페가 아닌 이상 대부분의 개인 카페는 시대와 손님의 취향 변화를 읽을 줄 알아야 한다. 한때 인기 있었던 메뉴를 계속 고수하는 것은 유행이 한참 지난 디자인의 옷을 쇼윈도우에 진열하는 것과 다를 게 없다. 끊임없이 메뉴 개발에 힘써야 하는 이유다. 아메리카노와 카페라테처럼 기본 메뉴가 있다면 레모니카노처럼 이름도 생소한 새로운 메뉴도 만들어야 한다. 카페쇼도 가고 인스타그램의 요즘 힙한 커피 메뉴에도 관심을 가져야 한다.

길을 걷다가 쉽게 눈에 띄는 카페는 아마 프랜차이즈일 가능성이 높다. 위치는 물론이거니와 눈에 확 들어오는 간판 등이 지나가는 사람들의 눈길을 잡는다. 널리 알려진 이름이라 눈에 더 잘 들어오며 이름도 쉽게 읽힌다. 대형 프랜차이즈 카페의 경우 점주가 홍보를 할 필요가 없기 때문에 영업 즉시 일정 매출 이상을 기대할 수 있다. 더구나 프랜차이즈 본사에서 신규 점포를 위한 프로모션을 진행하기도 한다.

직원이나 파트타임을 뽑을 경우 개인 카페보다는 프랜차이즈나 대형 카페에서 채용이 수월한 편이다. 혹여라도 급여를 떼일 위험이 적을 뿐만 아니라 하는 일이 정해져 있어 불필요한 잡일까지 안 해도 된다는 생각 때문이다. 비록 파트타임이기는 하지만, 지인들이 어디서 일하느냐고 물어봤을 때 누구나 다 아는 프랜차이즈에서 일해야 주변에 얘기하기도 좋고 경력에도 도움이 된다고 생각하기도 한다. 물론 이름난 일부 개인 카페는 제외하고 말이다.

프랜차이즈 본사는 많게는 사시사철, 적어도 여름과 겨울을 위한 새로운 메뉴를 출시한다. 커피 메뉴뿐만 아니라 다양한 음료 및 디저트류를 내놓는다. 가맹점은 본사에서 파견한 직원의 신메뉴 제조 교육만 받으면 되기 때문에 신메뉴 개발에 대한 스트레스와 부담에서 자유로울 수 있다는 장점이 있다. 인기 있는 신메뉴가 출시되면 새로운 고객 유입과 기존 고객의 추가 매출을 기대할 수 있다.

프랜차이즈 본사의 주요한 역할 중 하나는 시대의 변화상과 고객의 취향을 읽고 기존 메뉴 중 빼야 할 것과 새롭게 추가해야 할 메뉴를 선정하는 것이다. 한때 크게 유행했던 메뉴가 고객의 외면을 받는 것은 정말 한순간이다. 오직 아메리카노와 카페라테만 즐기는 사람들도 있지만, 손님 중 절반 정도는 고정된 취향 없이 그날 기분에 따라 음료를 선택하는 경향이 있다. 따라서 시기에 따라 적절하게 신메뉴를 개발하는 것

195

은 때로 프랜차이즈 카페의 성패를 좌우하기도 한다.

프랜차이즈 카페의 여러 장점은 때로 한계로 작용하기도 한다. 어디를 가든 일정 수준의 이상의 맛과 동일한 메뉴를 기대할 수 있다는 것은 반대로 말하면 그 매장만의 개성이 없다는 것을 의미한다. 한두 개의 유명 프랜차이즈 카페를 제외하고는 일정 수준의 맛을 보장받을 수 없다는 것도 현실적인 어려움이다. 비록 프랜차이즈 카페를 하더라도 정해진 레시피를 정확하게 준수해야 하는 이유다. 파트타임 직원만으로 운영되는 프랜차이즈 카페를 가서 실망하는 이유가 여기에 있다. 다만 커피는 조연이고 공간의 사용이 목적이었다면 아무 문제도 일어나지 않을 것이다.

상권에 따라 인기 있는 메뉴가 따로 있다. 오피스권과 슬세권의 가장 큰 차이는 아이를 위한 메뉴의 유무다. 오피스권에서는 간단한 식사 대용으로 좋은 샌드위치나 빵이 있으면 좋다. 슬세권은 엄마가 본인의 커피를 사면서 아이를 위한 음료나 간식을 사기 때문에 앙버터 스콘이나 크로플 등을 메뉴에 넣으면 매출에 도움이 된다. 프랜차이즈 카페의 경우 상권에 따라 메뉴를 달리하기 어렵다는 점은 단점으로 작용하기도 한다.

결국 개인 카페가 오래도록 생존하는 길은 항상 일정 수준 이상의 커피 맛을 유지하면서 위치한 곳의 상권 특성을 반영한 메뉴의 구성, 손님과의 소통, 시대의 변화에 빠르게 적응하는 것이다. 이상의 것을 이루는 사람과 그렇지 못한 사람의 차이는 단 한 가지다. 내가 부족하다는 것을 자각하고 끊임없이 생존을 위해 발버둥치는 것이다. 나는 자본이 없어서, 커피에 대한 지식이 부족해서, 능력 있는 직원을 못 구해서 등 없는 것을 탓하고 실망하지 말자. 지금 이 순간 할 수 있는 것부터 차근차근 고쳐나가고 변화를 위해 노력한다면 아마 1~2년 후에는 많은 손님들이 오래도록 찾는 이름난 카페로 자리 매김할 것이다. 지금부터 시작해도 늦지 않았다.

슬세권에 위치한 구대회 커피 상수래미안점

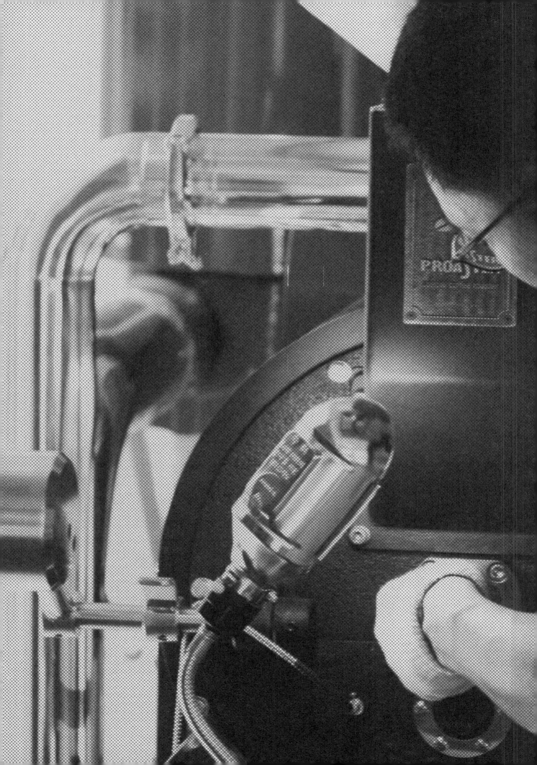

CAFE
CHECKLIST

동네 카페가 성공하기 위한 일곱 가지 방법

STEP
4

지금 카페를 해도 될까요?

주식을 사기에 가장 좋은 시기는 언제일까? 폭락장 때 저평가된 우량주를 사는 게 가장 좋다. 그러나 현실적으로 폭락장 때 주식을 매수할 담력을 지닌 이는 거의 없다. 주식을 사기로 했다면 적절한 시기를 기다리기보다는 좋은 주식을 보는 안목을 기르는 것이 좋다. 주식을 담았다면, 주가의 등락에 일희일비하지 말고 장기간 보유하면서 시세차익이 아닌 평가차익을 오래도록 누리다 자금이 꼭 필요할 때나 더 매력적인 주식을 발견했을 때 매도하는 게 좋다.

카페도 마찬가지다. 카페를 시작하기에 늦은 때도 없고, 이른 때도 없다. 중요한 것은 고객들이 찾는 카페를 만드는 것이다. 간혹 카페를 창업하기 위해 내게 찾아와 도움말을 청하는 분들이 있다. 그들이 가장 궁금해하는 것은 카페가 이렇게 많은데 지금 창업을 해도 괜찮겠느냐는 것이다. 나는 거꾸로 묻는다. 카페가 없으면 창업해도 좋은 건지.

카페가 많이 생겼다는 것은 그만큼 커피를 소비하는 고객들이 많아졌다는 것이다. 그런데 주변을 돌아봐도 갈 만한 카페가 딱히 눈에 띄지 않는다. 왜냐하면 인테리어만 그럴싸할 뿐 정작 커피 맛은 별로인 경우가 태반이기 때문이다. 고객의 요구에 부합되는 카페를 할 수만 있다면, 맛있는 커피를 찾아 방황하는 수많은 고객들을 끌어들일 수 있을 것이다.

불과 몇 년 전까지만 해도 샷이 무엇인지 콜드브루가 어떤 커피인지 스티밍이 무엇인지 모르는 사람들이 꽤 있었다. 지금은 그 용어의 의미와 쓰임에 대해 거의 이해하고 있다. 그만큼 커피에 대한 관심이 높아졌음을 보여주는 사례이다.

현재 우리나라 생두 수입량은 세계 10위권에 진입했다. 커피 소비는 대개 그 나라의 전체 GDP(국내총생산) 규모와 유사하다. 커피 시장이 팽창하면서 덩달아 고객 입맛의 수준도 높아지고 있다. 어느 카페 커피가 맛있다고 소문이 나면, 한 번은 찾아가보는 게 유행처럼 퍼지고 있다. 커피가 입맛에 맞고 서비스도 좋았다면 단골이 되기도 한다. 자기 입맛에 맞는 원두를 구매해 집이나 직장에서 직접 추출해 마시는 사람들도 점차 늘어나고 있다.

커피는 이제 기호품이 아니라 생필품처럼 우리 생활에 자리매김하고 있다. 아침에 일어나면 커피부터 찾고, 점심식사 후에는 근처 카페에 들러 커피 한 잔을 마시는 게 현대인의 생활 패턴이 되고 있다. 뭐든지 그렇지만 카페 역시 충분한 경험과 실력을 쌓은 후에 시작해야 한다. 주변에서 카페를 오픈했다고 해서 찾아가보면 아연실색할 때가 있다. 그라인더 분쇄도가 잘못 설정되어 있고, 바의 높이와 주방 동선이 엉망이어서

201

바리스타가 쉽게 피로감을 느끼는 환경에서 영업을 하고 있다. 이런 곳의 경우, 커피 맛은 굳이 마셔보지 않아도 쉽게 짐작할 수 있다.

그렇다면 성공적인 카페 창업을 위해 어떤 준비를 해야 하며, 창업 후 카페를 어떻게 운영해야 할까?

서서 커피를 즐기는 손님들

커피
좋아하세요?

세상의 수많은 카페 가운데 내가 절대 가지 않는 카페가 있다. 바로 커피를 마시지 않는 사장이 운영하는 카페다. 그 가운데 최악은 전문 바리스타를 고용하지 않고 본인이 카페 경영과 바리스타로서의 역할까지 다 하는 경우다. 커피를 마시지 않으면서 어떻게 좋은 원두를 구별할 수 있으며, 맛있는 커피를 추출할 수 있는지 도무지 알 길이 없다.

"저는 카페인에 민감해서 커피를 마실 수 없어요"라는 말은 마치 도수 높은 안경을 쓴 안과 의사가 내방한 환자들에게 "라식 수술이 안전하고 좋다"며 권하는 것만큼이나 신뢰가 가지 않는 말이다.

물론 그 가운데는 커피는 마시지 않아도 커피 향이 좋아 카페를 시작한 사람도 있다. 그렇다면 본인이 직접 커피를 볶거나 추출하지 않았으면 좋겠다. 양질의 원두를 구매해 실력 있는 바리스타가 추출하는 것이 본인과 그곳을 찾은 손님, 양자에게 득이 된다.

자신이 커피를 좋아하지 않는다면 오래도록 '커피'라는 업을 영위

할 수 없다. 시장 상황이 조금 안 좋아지거나 카페에 손님이 떨어졌을 때 그 상황을 개선하려고 노력하기보다는 매장을 다른 사람에게 넘기고 다시 다른 일을 찾게 된다. 그렇게 해서는 카페뿐 아니라 어떤 아이템으로도 경쟁력 있는 비즈니스로 성장시킬 수 없다.

카페가 다른 음식 관련 자영업에 비해 진입장벽이 낮고 깨끗하고 어려워 보이지 않는다는 이유로 충분한 준비 없이 쉽게 뛰어드는 사람들이 종종 있다. 이런 사람들 가운데 일부는 전문 '선수'들에게 걸려 큰 피해를 보는 경우가 심심치 않게 발생하고 있다.

피해 사례 가운데 한 가지를 소개하겠다.

A라는 사람이 상가 보증금을 포함해 2억 원을 들여 카페를 열었다. 1년 정도 열심히 운영을 하다가 B라는 사람에게 2억 5천만 원에 넘겼다. B는 커피도 잘 모르는데 A가 바리스타 및 알바까지 넘겨주는 조건으로 덜컥 계약을 한 것이다.

그런데 몇 달 후 A가 멀지 않은 곳에 다른 카페를 차렸다. 그리고 B가 인수한 카페의 바리스타를 데려가버렸다. 결국 B는 1년도 못 되어 상가 보증금을 포함해 1억 5천만 원에 카페를 다른 사람에게 넘길 수밖에 없었다.

B는 1년 만에 1억 원이란 큰돈을 잃었을 뿐 아니라 2억 5천만 원으로 다른 사업을 했을 때 혹은 금융상품에 가입했을 때 받을 수 있었던 이자 수익만큼 추가적으로 손실을 본 셈이다. B가 커피를 충분히 알고

시작했더라면, 이런 일을 당하지도 않을 뿐 아니라 설사 당했더라도 적절히 대응하고 극복할 수 있었을 것이다.

커피는 앞서 수차례 언급한 대로 음식이다. 카페는 관할 구청에서 영업신고증을 휴게음식점으로 발급해준다. 음식이기 때문에 맛보다 더 중요한 것이 위생이다. 에스프레소 머신의 경우, 정기적으로 청소만 잘해주고 정수필터 교체 주기를 지킨다면 고장날 일이 거의 없다. 그리고 머신 그룹 헤드 안쪽에는 샤워스크린과 샤워홀더라는 부품이 있는데, 매일 이곳을 잘 청소해줘야 불쾌한 쓴맛을 줄일 수 있다.

관리가 잘 안 되는 카페의 머신을 보면 여지없이 포터필터를 비롯해 그룹 헤드의 샤워스크린에 커피 찌꺼기가 말라 덕지덕지 붙어 있다. 이런 상태로 커피를 추출하는 것은 마치 밥통 내부를 씻지 않고 새 밥을 하는 것과 같다.

본인이 커피를 마시지 않으면 머신 청소에도 소홀할 수밖에 없다. '어차피 내가 마시는 것이 아닌데' 하며 대수롭지 않게 생각하기 일쑤다. 나와 내 가족이 마신다는 마음가짐으로 카페를 해야 한다. 그래야 카페의 위생, 원두 및 부자재의 유통기한, 커피의 맛에 이르기까지 소홀함이 없을 것이다.

커피를 배우고 싶다는 분들께 꼭 묻는 것이 있다.

"커피를 좋아하세요?"

커피를 좋아한다는 분도 있지만, 예상외로 전혀 커피를 마시지 않고 좋아하지 않는다는 분도 더러 있다. 그럼 왜 카페를 하려고 하느냐고 물으면, '다른 업종에 비해 이익이 많이 남고 힘이 덜 들 것 같아서'라는 대답이 나온다.

우선 둘 다 틀렸다. 생각보다 이익이 많이 남지도 않으며, 절대 쉬운 일이 아니다. 원가를 줄이기 위해 직접 커피를 볶는 경우 상대적으로 이익이 많을 수 있다. 그러나 커피가 많이 팔리지 않으면 원가 부담만 적을 뿐 이익은 많지 않다. 많이 팔기 위해서는 손님을 많이 받아야 하고 일이 많아지면 힘이 들 수밖에 없다. 그렇다고 이런 일을 시간제 근로자에게만 맡기면 매출은 여지없이 하락하고 만다.

어떤 사업도 쉬운 것은 없다. 외부에서 볼 때나 쉬워 보이지 정작 본인이 직접 해보면 밖에서는 예상도 못한 일들로 인해 신경 써야 할 것이 한두 가지가 아니다. 결국 자기가 좋아하고 즐기는 아이템으로 시작해야 한다. 그게 카페가 되었든 국밥집이 되었든 적어도 자기가 그것을 좋아하고 즐길 수 있는 것이어야 한다.

커피에 대한 지식이 조금 부족하고 커피 추출을 잘하지 못하더라도 커피에 대한 강한 애정과 관심이 있다면, 다소 시간이 걸리더라도 조급해하지 말고 차근차근 커피를 공부하고 기술을 익히면 된다. 중요한 것은 내가 하고자 하는 것을 좋아하느냐 그렇지 않느냐다.

커피를 좋아하지 않는다면, 카페를 할 생각은 접어두는 것이 제한된 자신의 자산과 정신건강을 위해 좋다.

커피 공부는
어떻게 할까요?

커피를 오랫동안 마시고 즐긴 사람들조차 범하는 실수가 있다. 커피 공부를 책으로 하려 한다는 것이다. 결론부터 말하면, 커피 공부는 책으로 하는 것이 아니라 몸으로 하는 것이다. 다양한 커피를 많이 마시고, 눈으로 보며, 코로 느끼고, 그것을 말로 표현할 수 있어야 한다. 그리고 궁극적으로는 본인이 바라고 원하는 커피를 볶거나 추출할 수 있어야 한다.

책은 어디까지나 궁금한 것을 찾아보는 정도로 참고해야지 내용을 억지로 암기해서는 안 된다. 수학 공부를 제대로 해본 사람은 알 것이다. 수학은 공식을 암기해서 푸는 것이 아니라 이해하는 것이라고. 마찬가지로 커피 용어나 설명은 암기하는 것이 아니라 자주 접하고 오랫동안 몸에 익히면서 자연스럽게 체득하는 것이 좋다. 그렇게 익힌 것이 오래도록 기억에 남는다.

커피는 좋아하는데, 카페인이 몸에 맞지 않아서 커피 마시는 게 불편한 사람들이 있다. 이들은 커피 공부를 할 때 커피를 다 마시려 하지 말고 향기를 맡고 몇 모금 마시는 것으로 만족하면 된다.

카페인의 반감기는 건강한 성인을 기준으로 네 시간이다. 이를 감안해 오전 중에 커피를 마시면 카페인 부담을 덜 수 있다. 예를 들어 오전 11시경 커피 한 잔만큼의 카페인을 흡수했다고 가정해보자. 한 잔의 커피에 약 100mg의 카페인이 들어 있을 경우, 잠자리에 드는 밤 11시경에는 반감기가 세 번 경과했으므로 12.5mg의 카페인만 몸에 남아 있게 된다. 이런 식으로 카페인 반감기를 알고 있으면 자기 건강과 몸을 고려한 커피 라이프를 즐길 수 있다.

커피는 향을 맡는 것만으로 큰 공부가 된다. 실제 우리가 비염이나 감기에 걸려 코가 막히는 경우, 음식 맛을 잘 느낄 수 없다. 특히 커피나 차처럼 향이 지배적인 음식의 경우는 더욱 그렇다.

지인 가운데는 커피 향을 좋아해서 카페에 가는 분이 있다. 그는 커피를 주문하고 커피가 앞에 놓이면 잔을 들어 코로 향을 깊이 들이마신 후 잔에 입술을 살짝 댄다. 마시는 듯 마는 듯 하고는 테이블에 잔을 내려놓는다. 이윽고 한 마디 내뱉는다. "커피 참 좋다." 그 모습을 바라보고 있노라면, 나도 모르게 미소를 짓게 된다. 그는 누구보다 뛰어난 후각과 섬세한 미각을 지녔으며, 좋은 커피와 그렇지 않은 커피를 기가 막히게 구분해낸다. 카페인에 민감해도 커피는 얼마든지 즐길 수 있음을 보여주는 좋은 예라 하겠다.

할 수만 있다면 커피 산지에 가볼 것을 추천한다. 가깝게는 베트남과 라오스 그리고 태국에 커피 농장이 있다. 요즘은 커피 산지를 다녀오는 투어 상품도 있으니 조금 번거롭고 비용이 들더라도 커피 공부를 제대로 하고 싶은 사람이라면 꼭 도전해보길 바란다. 식물원에 가면 커피나무가 있는데, 굳이 커피 산지까지 가서 볼 필요가 있느냐고 반문하는 사람이 있을 것이다. 단지 커피나무만을 이야기하는 것이 아니다. 커피가 어떤 식생 환경에서 자라는지, 한 잔의 커피가 우리에게 오기까지 어떤 과정을 거치는지 두 눈으로 직접 보고 느끼라는 것이다.

그곳에서 마시는 커피 한 잔은 도심의 근사한 카페에서 마시는 정제된 커피와는 또다른 맛을 선사할 것이다. 아마 인생에서 가장 멋진 커피 추억을 경험할지도 모르니 꼭 도전해봤으면 한다.

커피 공부를 하기에 가장 좋은 것은 커피를 직접 볶고 추출해보는 것이다. 로스터리 카페에서 일을 하면, 간접적으로나마 로스팅하는 과정을 지켜볼 수 있다. 본인의 의지만 확고하다면 로스팅을 배울 수 있을 것이다. 생활비를 벌기 위해 카페에서 일을 할 수도 있고, 나중에 카페를 창업하기 위해 경험상 카페에서 일을 하기도 한다.

카페 창업을 계획하고 있는 사람이라면, 창업 전에 반드시 1년 이상은 카페에서 일을 해봐야 한다. 그러나 아무 카페에나 가서 일을 해서는 안 된다. 현재 잘되고 있고, 배울 게 있는 곳을 찾아야 한다. 물론 일을 하고 싶어 한다고 그곳에서 덜컥 채용하지는 않을 것이다. 간절해야 한다. 바닥 청소부터 시작해도 좋으니 이 카페에 붙어 있게만 해달라고 부탁하라. 눈 딱 감고 한 달간 매일 찾아가서 부탁을 해보라. 아마 거절할 카페 사장은 거의 없을 것이다. 그래도 안 되면 다른 곳을 찾아보라.

원하는 대로 그곳에서 일을 하게 되었다면, 무슨 일이 있어도 반드시 계약 기간은 지키고 나가라. 화장실 들어갈 때하고 나올 때 다르다 했던가. 자기가 필요한 것을 다 얻었다고 판단되면 뒤도 안 돌아보고 나가는 사람들이 왕왕 있다. 이런 사람들은 창업을 해도 성공하기 어렵다. 신의를 지키지 않는 사람은 고객의 마음도 얻을 수 없기 때문이다.

사람이 하는 일이기 때문에 고객들은 다 느끼고 알고 있다. 건강상의 치명적인 문제, 가정사 등 불가피한 일이 아니면 약속한 기간은 채우고 나가는 것이 나중에 본인을 위해서도 좋다. 다시는 안 볼 것 같지만 나중에 다 만나게 되어 있고, 소문은 돌고 돈다. 평판에 대해 무신경한 사람들이 있는데, 절대 조심해야 한다.

카페에서 배우는 것은 커피를 볶고 추출하는 것뿐 아니라 고객을 응대하는 자세와 직원과의 관계 그리고 오너로서의 마음가짐 등이 있다. 이것을 명심하고 겸손한 마음과 낮은 자세로 배워야 한다.

고객에 대해서 연구하라. 카페를 하든 국밥집을 하든 성공하는 사람과 그렇지 않은 사람의 차이는 생각보다 단순한 데 있다. 내 입장에서 생각하느냐 아니면 고객 입장에서 생각하느냐 하는 것이다.

고객이 원하는 것을 내가 얼마나 가지고 있는지 곰곰이 따져보고 부족한 부분은 채우고 채울 수 없는 부분은 과감히 다른 곳에서 그 이상을 줄 수 있어야 한다. 예를 들어 공간을 제공할 수 없다면 가격 면에서 경쟁력 있는 금액을 제시해야 한다. 고객은 항상 한 발은 매장 안에 다른 한 발은 매장 밖에 두고 있다고 한다. 그만큼 고객은 언제든지 떠날 수 있다는 점을 명심해야 한다. 오늘 고객이 내일도 오리라는 보장은 없다.

커피 공부를 하기로 마음먹었다면 책부터 펴지 말고 현장으로 달려가 다양한 커피를 만나고 느끼고 결국 만들 수 있어야 한다. 그리고 그것을 팔기 위해서는 고객을 알아야 한다. 커피도 마찬가지로 현장에 답이 있다.

태국 도이창의 커피 농장 시설

방법 1. 맛있는 커피의 네 가지 조건

CAFE CHECKLIST

기업, 문화센터 등에 강의를 가면 청중에게 꼭 하는 질문이 있다. "지금까지 마셔본 커피 중에 가장 맛있었던 커피는 무엇입니까?" 대답 가운데는 어느 유명한 카페에서 경험한 드립커피도 있고, 어느 해 추운 겨울날 산 정상에서 마신 인스턴트커피도 있으며, 지금은 헤어진 옛 애인과 대학로 어느 카페에서 함께한 커피라고 말하는 사람도 있다.

즉 맛있는 커피의 조건은 추출된 커피의 품질에 있지만, 가장 맛있는 커피의 추억은 분위기·상대방·기분·상황 등이 그 맛을 좌우한다고 볼 수 있다. 그리고 커피의 맛을 결정하는 것은 크게 네 가지로, 신선하고 결점 없는 생두, 생두의 특징을 살린 적절한 로스팅, 실력 있는 바리스타의 추출, 마시는 사람의 기분과 태도다.

네 가지 중에 가장 중요한 것은 말할 것도 없이 생두에 있다. 혹자는 커피의 맛은 생두가 100퍼센트 결정한다고 과장해서 말하는데, 그만큼 생두의 중요성을 강조하기 위함이라고 보면 된다. 미슐랭 가이드로부터 별을 세 개 받은 세계적인 요리사라도 나쁜 재료를 가지고는 훌륭한 요리를 할 수 없는 것처럼, 커피 역시 좋은 생두를 확보하지 못했다면 맛있는 커피를 기대할 수 없다.

로스팅이란 생두를 볶는 일련의 과정을 말한다. 몇만 원짜리 수망으로 하든 수천만 원을 호가하는 전문가용 로스터기로 하든 모두 커피를 볶는 것은 매한가지다. 스페셜티급 생두는 물론이고 우리가 흔히 상업용으로 사용하는 생두 가운데는 소량이기는 하지만 결점두가 섞여 있다. 결점두에는 벌레 먹은 것, 미성숙한 것, 깨진 것, 심지어 작은 돌이나 나뭇가지 등도 포함된다. 결점두가 포함되면 커피의 향미에 나쁜 영향을 미친다. 따라서 번거롭더라도 로스팅을 하기 전에 손으로 결점두를 제거해야만 양질의 원두를 얻을 수 있다.

로스팅 정도에 따라 라이트부터 시나몬, 미디엄, 하이, 시티, 풀시티, 프렌치, 이탈리언까지 8단계로 구분하기도 한다. 로스팅은 화력과의 고된 싸움이며, 순식간에 로스팅 포인트가 달라지기 때문에 찰나의 순간을 잡아야 하는 뛰어난 집중력과 감각이 요구된다. 로스팅이 끝나면 원두 가운데 탄 것은 골라내야 불쾌한 쓴맛을 줄일 수 있다.

커피는 추출 방법에 따라 몇 가지로 나뉜다. 고온·고압으로 짧은 시간에 추출하는 에스프레소, 커피 주전자라는 의미를 가진 가정용 수동식 에스프레소 추출 기구인 모카포트, 프랑스 사람들이 카페오레를 즐길 때 사용하는 프렌치프레스, 증기압과 진공으로 커피를 추출하는 사이펀, 우리말로는 손 흘림이라 하며 사람의 정성까지 느껴지는 핸드드립,

에스프레소보다 강렬하며 자칫하면 입안 가득 쓰디쓴 커피 가루를 경험하는 체즈베 등이 있다.

원두, 에스프레소 머신, 물 등의 조건을 동일하게 해도 누가 추출하느냐에 따라 추출 시간과 추출 양이 다르기 때문에 에스프레소의 맛에 차이가 난다. 더욱이 핸드드립의 경우에는 추출하는 사람에 따라 실력 차가 극명하게 드러난다. 미간을 찌푸리게 하는 불쾌하게 쓰기만 한 커피부터 쓴맛, 신맛, 바디감 등이 적절한 밸런스가 좋은 커피까지. 심지어 인스턴트커피라 하더라도 물의 온도, 커피를 타는 방법 등에 따라 맛에 차이가 난다고 한다.

마지막으로 맛있는 커피의 조건은 마시는 사람의 기분과 태도에 있다. 신선하고 질 좋은 원두로 제아무리 실력 있는 바리스타가 정성껏 추출을 했다 하더라도 마시는 사람이 그 커피에 대한 기대가 없다면 맛은 반감된다. 또한 위염이나 소화불량으로 속이 불편하거나 방금 전 친구와 다투어 마음이 상했다면 커피는 오히려 속만 쓰리게 할 뿐 위로가 되지 않는다.

레오나르드 믈로디노프의 저서 『"새로운" 무의식』에 따르면, 피험자들은 가격표만 붙은 와인들을 한 모금씩 마신 후 10달러보다 90달러가 붙은 와인에 더 후한 점수를 줬다. 그러나 피험자들이 마신 와인은 모두 90달러짜리였다. 와인을 맛보는 동안 fMRI(기능적 자기 공명 영상)로 뇌를 촬영했는데, 와인이 비쌀수록 눈 뒤쪽에 있는 안와전두엽피질(쾌락적 경험을 관장)의 활동이 증가했다고 한다. 즉 같은 와인이었음에도 불구

214

하고, 피험자들은 비싼 와인이 맛있다는 기대 때문에 실제로 느낀 맛도 달랐던 것이다. 인간의 뇌는 가격까지 맛을 본다는 것을 증명한 것이다. 또한 맛에 대한 기대감이 같은 맛임에도 불구하고 실제로 다르게 느끼도록 할 수 있음을 보여준 연구 결과라 하겠다.

물론 양질의 원두로 실력을 갖춰 정성껏 커피를 추출해야 하는 것은 바리스타의 가장 큰 소임이다. 커피 역시 마시는 사람의 태도에 따라 같은 커피라 하더라도 반응은 제각각이 될 수 있다. 신선하고 흠 없는 원두를 재료로 실력을 갖춘 바리스타가 정성껏 추출한 한 잔의 커피와 좋은 커피를 마시고 싶은 간절한 마음으로 충만한 고객이 만났을 때 비로소 맛있는 커피는 완성된다.

안나푸르나 베이스 캠프에서 커피를 마시는 저자

커피 맛의 기본은 물이다

"茶는 물의 神이요 물은 茶의 禮이니, 眞水가 아니면 그 神이 나타나지 않고 精茶가 아니면 그 禮를 엿볼 수 없다."

19세기 조선시대 차의 대가였던 초의 선사의 글을 통광 스님이 엮은 『초의다선집』의 내용 중 일부다. 의역하면 "차는 물의 신이 되고 물은 차의 본체가 된다. 유천 또는 석지 등의 진수가 아니면 차의 싱그러움이 나타나지 않고, 법제에 따른 정다가 아니면 물의 본체와 조화를 이룰 수 없다"라는 의미다. 쉽게 말해 "물이 좋아야 차 맛이 좋다"는 것이다.

차는 차나무의 덖은 잎을 뜨거운 물로 우려낸 것이고, 커피는 커피나무의 볶은 씨앗을 분쇄한 후 뜨거운 물로 우려낸 것이다. 즉 차와 커피는 잎과 씨앗이라는 차이는 있지만, 둘 다 뜨거운 물로 우려내 마시는 음료라는 점에서는 일맥상통한다. 재료인 찻잎과 커피 씨앗의 품질은 말할 것도 없거니와 이를 우려내는 물 또한 어떤 것이냐에 따라 그 맛과 향에 큰 영향을 미친다. 나는 커피를 직업으로 갖기 전, 집에서 다반, 다완, 다호 등 다기를 갖춰놓고 차 생활을 한참 동안 즐겼었다. 재미있는 것은 같은 차라도 물에 따라 그 맛이 달랐다는 점이다. 나쁜 아니라 차를 좋아하는 사람들, 즉 차꾼들은 특정 브랜드의 생수를 선호해 차를 마실 때 꼭 그 물을 사용했다.

우리가 흔히 생활에서 쓰고 마시는 담수는 그 속에 녹아 있는 칼슘과 마그네슘의 함량(경도)에 따라 연수, 중경수, 경수로 구분한다. 세계보건기구는 물 1L 속에 경도가 100mg 미만이면 연수, 101~300mg이면 중경수, 301mg 이상이면 경수로 정하고 있다. 연수를 단물이라 하고, 경수를 센물이라고도 한다. 에스프레소 머신을 쓰는 카페에서 무기물질이 많이 함유된 경수를 쓸 경우, 기계 내부 관 등에 스케일이 생겨 잦은 고장의 원인이 된다. 다행히 우리나라 수돗물의 경우, 경도가 100 미만이라 기계 고장에 대한 부담은 덜하지만, 잔류 염소와 칼슘은 커피의 성분과 반응해 맛과 향을 떨어뜨린다. 염소는 0.3mg/L만 있어도 커피의 향기 성분을 산화시키며, 칼슘은 커피의 유기산과 결합해 좋은 신맛을 중화시킨다. 따라서 커피의 맛과 향을 고려한다면, 에스프레소 머신과 수도관 사이에 정수기를 연결하고 주기적으로 필터를 교체해 사용하는 것이 좋다.

염수가 아닌 담수는 무색, 무취, 무미하다. 그러나 담수인 강물, 시냇물, 계곡물, 우물물, 지하수, 수돗물 등은 무색이기는 하나 무취, 무미하지 않으며 어지간히 감각이 둔한 사람이 아니면 그 차이를 느낄 수 있다. 심지어 시중에서 파는 생수도 브랜드와 취수원에 따라 맛의 차이를 느낄 수 있다. 물 전문가들은 이를 심미적 차이일 뿐 실제 물맛은 존재하지 않는다고 하지만 마시는 사람이 그 차이를 느끼고 선호하는 생수를 구매하므로 이를 부정하기는 쉽지 않아 보인다.

　　에스프레소 머신으로 커피를 추출할 때는 기계 고장을 방지하고 염소 등을 제거하기 위해 정수된 물을 사용해도, 핸드드립커피나 더치커피는 어떤 물로 추출해야 맛이 좋을까? 얼마 전 실제로 물의 종류의 따른 커피 맛 테스트를 실시했다. 실험을 위해 브랜드뿐 아니라 취수원이 확연히 다른 두 가지 생수, 수돗물, 정수된 물을 사용했다. 실험 결과, 수돗물의 경우 잔류염소 때문에 다른 물에 비해 상대적으로 향이 조금 떨어졌다. 또한 다른 물에 비해 상대적으로 높은 칼슘 함유량은 커피의 신맛을 떨어뜨리는 결과를 가져왔다. 정수된 물의 경우, 다행히 수돗물의 단점은 없었으나 무기물질까지 걸러내 생수에 비해 무미건조한 맛이 났다. 생수의 경우, 칼슘의 함량이 낮고 부드러운 물맛을 내는 칼륨과 마그네슘 함량이 높은 제품이 커피의 맛과 향 측면에서 좋은 결과를 가져왔다.

　　커피 맛을 조금 더 잘 표현하고 싶다면 이제 물을 선택하는 것이 중요하다.

물의 종류에 따른 무기물질

구분	생수A	생수B	아리수	정수	영향 등	비고
Ca	2.5~ 4.0mg/L	5.8~ 34.1mg/L	16.6~ 20.2mg/L	N/A	커피의 유기산과 결합 좋은 신맛을 중화시킴	무기물질
K	1.5~ 3.4mg/L	0.3~ 1.4mg/L	2.0~ 2.2mg/L	N/A	높을수록 부드러운 물맛	
Na	4.0~ 7.2mg/L	2.5~ 10.7mg/L	6.8~ 8.3mg/L	N/A		
Mg	1.7~ 3.5mg/L	0.8~ 5.4mg/L	3.3~ 4.0mg/L	N/A	높을수록 부드러운 물맛	
F	없음	0~1.2mg/L	1.5mg/L	N/A		
경도	19ppm	50~80ppm	59ppm	N/A	미국스페셜티커피협회 (SCAA)는 50ppm 정도 권장	100 기준 (연수, 경수)
PH	7.7~7.8	6.8~7.2	7.9~9.2	N/A	7.0이 중성임	강북정수장
잔류염소	없음	없음	0.57~ 0.73mg/L	없음	0.3ppm 이상만 있어도 커피의 향기 성분을 산화시킴	

방법 3. 커피와 공간, 무엇을 선택할까?

사람들이 카페에 가는 이유는 무엇일까? 커피라는 음료와 잠깐 쉬거나 사람을 만날 공간이 필요해서가 아닐까. 이런 이유 때문에 대부분의 카페는 커피와 공간을 동시에 제공한다. 카페 하면 커피를 파는 곳이란 의미보다 잠깐 쉴 공간이란 이미지가 지배적이다.

우리나라는 대학가 근처가 아님에도 카페에서 공부를 하는 독특한 문화가 있다. 커피 때문에 세계 여러 나라를 여행해봤어도 이런 풍경은 거의 보지 못했다. 본래 카페는 커피 음료를 즐기며 잠깐 휴식을 갖는 공간인데, 역시 우리나라 사람들은 공부를 많이 하기는 하는가 보다.

커피가 대중화를 넘어 일상의 필수품으로 자리매김하면서 카페에 대한 인식의 변화가 생기고 있다. 과거에 카페는 무조건 공간을 제공해야 하는 것으로 인식됐다. 카페에 갔는데, 테이블이 적거나 공간이 좁으면 대화에 방해가 된다고 생각해 발걸음을 돌리는 일이 왕왕 있었다.

나 역시 그런 경험이 있다. 현재는 카페에 편한 의자와 넓은 테이

220

블을 전부 없앴지만, 전에는 10평 정도 되는 공간에 테이블 4개와 의자 12개가 있었다. 따지고 보면 그렇게 좁은 공간도 아닌데, 일부 손님은 공간을 쓰윽 돌아보고는 문을 열고 나가버렸다. 그런데 요즘은 공간이 좁아도 커피 맛이 좋다고 소문이 나면, 그 비좁은 자리에 비집고 앉아서 커피를 맛나게 마시는 모습을 어렵지 않게 볼 수 있다.

커피 가격을 구성하는 요소는 임차료를 비롯해 인건비 그리고 원재료비 등 여러 가지다. 이것을 단순화해서 고객이 커피 가격을 지불할 때 커피 자체와 공간 사용료로 나뉜다고 가정해보자. 커피는 70퍼센트, 공간은 30퍼센트 정도가 적당하지 않을까 판단된다. 이 수치는 커피 가격을 대폭적으로 할인할 때 적용한 것이다.

예를 들어 앉아서 먹는 가격이 4,000원이라면, 음료를 받아서 밖으로 나가는 '투고'의 경우는 2,800원이 된다. 할인율이 좀 과하다고 생각할 수도 있으나, 고객들은 이를 합리적으로 받아들이고 있다. 나 역시 이 공식으로 커피 가격을 인하한 이후에 대박을 터뜨렸다.

물론 고객 가운데는 계산대에서 투고의 금액으로 커피를 구입하고 슬그머니 자리 한쪽을 차지하는 경우도 있다. 이런 일을 방지하려면, 아예 모든 테이블과 의자를 없애거나 적절하게 통제할 수 있는 시스템을 갖춘 후에 시행해야 한다. 그렇지 않으면 혼선이 일어나 이도 저도 아닌 경우가 생긴다. 나도 한때 테이블 2개만 남기고, 나머지 공간은 제조업 시설로 사용을 했다. 테이블은 고객들이 주문 전후에 대기하는 자리라고 생각하고 남겨둔 것이다.

구대회 커피 커피 바와 굿즈

결과는 고객들이 투고 가격으로 지불을 하고는 "잠깐만 앉아 있다 갈게요"라고 말한 뒤, 한 시간도 넘게 자리를 차지하는 경우도 있었다. 좀 야속하게 보일 수는 있으나, 테이블을 없애고 의자만을 남겨뒀다. 그러자 더 많은 사람들이 주문 전후에 앉아서 기다리는 공간을 확보할 수 있었을 뿐 아니라 지난번과 같은 불편한 일도 생기지 않았다. 고객의 양심과 판단에 맡기는 것도 좋지만, 시스템적으로 불편한 일이 발생하지 않도록 조치해놓는 것이 서로를 위해 좋다.

길을 다니다 보면, 발에 차이는 것이 카페고 그 수많은 카페들엔 빈자리가 태반이다. 왜 카페는 빈자리를 채우지 못하는 것일까? 단순히 고객의 수요를 초과하는 카페의 과잉 공급 때문일까. 그것도 하나의 이유가 될 수는 있겠으나, 가장 큰 원인은 커피가 맛이 없기 때문이다.

이제 더 이상 아늑하고 멋스러운 인테리어는 카페의 성패를 결정짓는 중요한 요소가 아니다. 망한 카페를 가봐라. 어디 공간이 좁아서 망했는지. 자리가 나빠서 망했다는 사람도 있다. 그럼, 자리가 좋으면 성공할까? 실패의 근본적인 원인은 본질, 커피 맛에 충실하지 못한 데 있다.

고객의 마음을 이해하기 위해서는 고객의 입장에서 생각해보면 된다. 당신이 고객이라면, 그 돈을 지불하고 당신의 카페를 찾겠는지 입장을 바꿔 생각해보라. "이 정도 인테리어에 이만한 공간을 제공하는데 왜 고객이 찾지 않겠어"라는 생각만큼 위험한 것도 없다.

고객 입장에서는 당신이 운영하는 혹은 창업 예정인 카페에 갈 이유가 별로 없다. 접근성이 좋은 데다 넓고 안락한 자리를 제공하는 카페가 수두룩하기 때문이다. 그 카페들에게 부족한 것이 무엇인지 생각해 본 적이 있는가? 없다고? 그렇다면 당신은 지금 카페를 하면 안 된다. 그 카페들이 부족한 것은 커피의 품질과 경쟁력 없는 커피 가격이다.

알토란 같은 자리를 차지한 카페치고 맛있는 곳은 거의 본 적이 없다. 그런 곳은 대개 유명 대형 프랜차이즈가 들어서 있기 때문이다. 대개 평준화된 그렇고 그런 커피 맛 이상을 기대하기 어렵다. 심지어 어떤 곳은 이걸 커피라고 팔고 있나 싶을 정도로 형편없는 수준의 커피를 제공하고 있다. 그럼 이제 답이 나온 게 아닐까. 공간을 양보하되 그 이상의 커피 맛을 보장하고, 월세가 낮은 만큼 획기적인 가격으로 커피를 제공해야 한다.

고객이 공간보다는 커피라는 본질을 중시하는 이때, 카페를 운영하고 있거나 혹은 준비하고 있는 당신이 선택해야 하는 것은 무엇인지 곰곰이 생각해보라.

방법 4. 결정해야 할 것들이 정말로 많다

카페 창업을 결정했다면, 가장 먼저 고려해야 할 부분은 위치다. 목이 좋아야 장사가 잘된다는 말은 부정할 수 없는 정설이다. 리카도의 차액지대이론에 따르면, 비옥한 토지가 그렇지 않은 토지보다 생산량이 많으므로 높은 지대를 받게 된다. 명동 땅값이 변두리보다 비싼 이유도 그곳에서 장사를 할 경우, 더 많은 돈을 벌 수 있기 때문이다.

그러나 우리가 한번 따져봐야 할 것이 있는데, 바로 카페의 투자 대비 수익률이다. 예를 들어 명동의 노른자 자리에서 20평 규모의 카페를 한다고 가정해보자. 못해도 임차료가 평당 1백만 원 가까이 할 것이다. 임차료만 월 2천만 원이 넘는다는 얘기다. 여기에 보증금이 2억, 권리금을 3억이라고 가정해보자. 인테리어는 평당 3백만 원에 각종 커피 관련 기계 구입비까지 감안하면 카페 오픈을 위해 총 6억5천만 원 정도가 투자돼야 한다.

하루에 평균 4,000원 하는 커피를 몇 잔 팔아야 브레이크 이븐, 즉

225

본전이 될까? 임차료, 인건비, 커피 음료 관련 각종 부자재, 전기세, 수도세 등을 감안할 경우 휴무 없이 하루 평균 300잔 이상은 팔아야 할 것이다. 하루 열두 시간 영업한다고 가정하면 시간당 25~30잔을 팔아야 한다.

본전 보려고 사업을 하는 사람은 없다. 더구나 6억이 넘는 돈을 투자해 사업을 한다면, 얘기는 달라진다. 그 돈을 다른 곳에 투자했을 경우, 기대수익률을 8퍼센트로 가정해보자. 연간 약 5천만 원이 넘는 수익을 거둘 수 있다. 월 4백만 원이 넘는 돈이다. 즉 사업하느라 몸 축나고 머리 싸매지 않아도 그 돈이 생기는데, 기왕 사업을 시작했다면 월수익이 천만 원은 넘어야 할 것이다. 그러기 위해서는 하루 평균 400잔 이상의 커피를 팔아야 한다. 하루 종일 고객이 쉼 없이 드나들지 않으면 불가능에 가까운 숫자다.

더구나 보증금은 카페 폐업이나 매도시 회수가 가능하지만, 권리금과 인테리어 등에 지출한 비용은 일부 손실을 볼 수도 있다. 카페가 잘돼 처음 카페 매도자에게 지불한 3억 원을 나중에 카페를 팔 때 매수자에게 받으면 다행이지만, 그보다 못할 수도 있다. 그리고 인테리어 등에 지출한 1억5천만 원은 감가상각을 해야 한다. 3년 동안 카페를 운영했다면, 매년 5천만 원의 감가상각이 발생한다. 즉 매달 4백만 원 이상이 공중으로 날아가는 셈이다. 매달 매출에서 비용을 제한 1천만 원의 수익이 발생했어도 감가상각을 반영하면 실제로는 6백만 원의 수익만이 발생한 것이다.

매장의 월세는 얼마 정도가 적당할까? 부동산 전문가들은 매출의 15~20퍼센트 정도가 적당하다고 말한다. 월 매출이 2천만 원이라면 3백만~4백만 원 정도가 최대로 지불할 수 있는 월세라 할 수 있다. 그러나 나는 이마저도 과하다고 생각한다. 카페 매장의 월세는 월 매출의 10~15퍼센트 선이 적당하다고 본다.

명동이라는 특수한 상권을 예로 든 것은 투자 대비 수익률에 대해 이해를 돕기 위해 한 것뿐이다. 카페 위치를 고려할 때 권리금은 잘하면 본전, 인테리어 등은 감가상각, 월세는 월 매출의 10~15퍼센트 범위 내라는 점을 잊지 말자.

그렇다면 카페를 하기에 좋은 장소는 어디일까? 내가 주목하고 있는 장소 두 곳을 추천하면 다음과 같다.

주변에 큰 교회와 초등학교가 있다면 그곳은 카페를 하기에 더할 나위 없이 좋다. 주중에는 초등학교 학부모들이 주고객이 될 것이고, 주말에는 교인들을 대상으로 영업할 수 있기 때문이다.

흔히 장사가 잘되는 대박집 옆이야말로 카페를 하기에 좋다. 대박집에서 식사를 마치고 나오는 고객들만 잡을 수 있다면, 카페 대박집이 되는 것은 시간 문제다. 다만, 대박집 근처에는 이미 다른 카페들이 포진해 있을 수 있기 때문에 싸고 맛있는 커피를 파는 투고 전문점으로 승부를 내야 한다.

자금력이 풍부하다면 무슨 걱정이 있겠는가. 대부분의 개인 창업자들은 항상 자금 경색에 시달린다. 특히 처음 자영업을 시작하거나 카페 창업에 대한 경험이 없는 사람이라면, 반드시 규모는 작게 해야 한다. 공간이 넓다고 고객이 찾는 것은 아니다. 공간이 작더라도 커피가 충분히 경쟁력이 있다면, 고객들은 찾아오게 되어 있다. 당신이 북카페를 할 게 아니라면 공간은 되도록 작게 해야 초기 투자비용을 줄일 수 있다.

잘되는 카페를 가보면 대개 신기하게도 공간이 크지 않다. 공간이 작다고 잘되는 것은 아니지만, 공간이 작기 때문에 임차료, 인건비 등 고정비를 줄일 수 있어 부담이 덜하다. 공간이 작으면 커피 본질에 집중하게 된다. 제공할 게 커피밖에 없기 때문이다.

안 되는 매장에 가보면 사장은 없고, 알바생만 매장을 지키고 있다. 알바생도 휴대폰이나 만지고 있고, 매장 관리와 손님 응대에 별 신경을 쓰지 않는다. 사장이 없으니 당연한 일이다. 특히 이런 매장은 50대 이상의 장년층이 사장인 경우, 흔히 볼 수 있는 모습이다. 바리스타 학원에서 커피를 조금 배우긴 했으나, 아무래도 자신이 없으니 사람을 쓰는 것이다. 여기까지는 좋다. 그러나 본인이 끊임없이 실력을 기를 생각을 해야지 바리스타에게 전적으로 의지하면 안 된다. 결국 본인이 고용하는 바리스타보다 실력이 좋아야 한다. 그래야 일을 시키더라도 권위가 서고, 직원이 잘하는지 못하는지 관리 감독이 가능하다.

준비가 덜 된 상태에서 카페를 시작할 수는 있으나, 매장에서 추출과 라테 아트 등을 꾸준히 연습해야 한다. 남에게 의지하고 한술 더 떠서 맡기는 매장은 결국 손님들로부터 외면받고 오래가지 않아 간판을 내리게 될 것이다.

안타까운 매장의 유형이 하나 더 있다. 카페에 공을 들여 손님이 많이 찾아오고 잘되다가 어느새 손님의 발길이 하나둘 끊어지는 매장이 그것이다. 이유가 무엇일까? 장사가 좀 된다고 하니까 사장이 매장을 지키지 않고, 밖으로 도는 경우다. 미용실을 이용하는 사람들은 이해가 빠를 것이다. 아무리 스태프의 실력이 좋다고 해도 원장에게 머리를 맡기고 싶은 것이다. 카페가 대형화되거나 손님이 너무 많아서 여러 직원을 쓸 수는 있다. 하지만, 사장이 카페를 떠나는 일이 잦아서는 곤란하다.

매장 위치가 정해지면, 다음으로 인테리어를 해야 한다. 처음 카페를 시작하는 사람들이 오해하는 것이 있다. 바로 카페가 예쁘면 고객이 몰릴 거라는 생각이다. 주변을 돌아봐라. 예쁘지 않은 카페가 어디 있나? 하나같이 아기자기하게 잘 꾸며놨고 여기저기 신경을 많이 썼다. 그런데 고객으로부터 외면받는다. 왜 그럴까? 카페가 예뻐서 들어갔다가 커피 맛에 실망했기 때문이다. 인테리어는 최소의 비용으로 해야 한다. 무엇보다 본인이 카페 디자인을 해야 한다. 전문가에게 전부 맡기면 비용은 비용대로 들고 규격화된 카페가 탄생하게 된다. 어디서나 쉽게 접할 수 있는 그저 그런 카페 말이다.

많은 카페를 다니면서 자신만의 카페를 스케치해야 한다. 본인이 모든 공사를 할 수 없지만, 기본적인 디자인은 직접 해야 한다. 그리고 전문적인 부분인 배관, 전기, 수도 등의 공사는 해당 기술자를 부르면 된다. 인테리어에 쓸 돈으로 좋은 커피를 많이 경험하고 커피를 더 배우는 편이 낫다. 좋은 선생을 만나 충분한 비용을 지불하고 많이 배워라. 그게 인테리어보다 훨씬 중요하다.

카페에서 에스프레소와 베리에이션 메뉴를 제공하려면, 에스프레소 머신은 필수불가결이다. 문제는 그 가격이 만만치 않다는 데 있다. 머신을 구입하기에 예산이 부족한 사람은 핸드드립 전문점으로 방향을 돌리는 경우도 있다. 단지 돈이 부족하기 때문에 핸드드립 전문점으로 시작하는 것 또한 위험하다. 충분한 실력이 있으면 모를까 핸드드립 기술이 부족한 상태에서 시작하면 이것이야말로 망하는 지름길이다. 핸드드립은 커피 좀 마신다는 사람들이 주문하기 때문에 바리스타의 밑천이 금세 드러나기 쉽다.

에스프레소 머신은 가능하면 중고를 구입하라. 돈이 충분히 많다면 당연히 새것으로 사는 것이 좋지만, 에스프레소 머신은 1~2년 쓰기 위해 설계된 것이 아니므로 관리가 잘된 중고를 사도 무방하다. 새것의 50~60퍼센트 선에서 구입이 가능하므로 예산을 크게 절감할 수 있다.

에스프레소 머신은 새것을 사는 것보다 관리가 잘된 중고를 구입해 정기적으로 청소를 꾸준히 하고, 정수필터 교체주기를 잘 지키고, 필요한 부품을 제때 잘 교환해주면 10~20년 거뜬히 사용할 수 있다.

문제는 관리가 잘된 양질의 중고 머신을 어떻게 구별해내느냐일 것이다. 머신에 대해 해박하면 모를까 좋은 머신을 고르기는 어려운 일이다. 이럴 때는 커피를 배운 바리스타 학원에 도움을 청하거나 평소 인터넷의 커피 관련 카페 혹은 커피 전문 블로그를 꼼꼼히 살펴서 도움을 받으면 좋다.

테이블, 냉장고, 제빙기, 쇼케이스 역시 중고를 선택한다면 비용을 크게 줄일 수 있다. 폐업하는 카페도 많고, 시장에 중고로 나온 제품이 많기 때문에 인터넷으로 정보를 검색하고 부지런히 발품을 팔면 사용한 지 1~2년도 안 된 양질의 중고를 만날 수 있다.

카페 위치뿐 아니라 인테리어, 에스프레소 머신, 냉장고를 선택할 때는 남에게 맡기지 말고 결국 본인이 오랜 시간 동안 발품을 팔아야 한다. 아는 만큼 보인다고 하지 않던가. 카페 창업을 결심했다면, 적어도 1년 정도는 커피를 배우고, 1년 동안은 위치와 인테리어 그리고 머신 등에 대해 준비를 해야 한다. 평생 할 일인데 2년 정도는 준비해야 하지 않겠는가. 조급하게 생각할 필요가 전혀 없다. 카페를 1년 일찍 시작한다고 성공하는 것도 아니고, 1년 늦게 한다고 실패하는 것도 아니다.

커피에 대해 다양한 경험을 하고, 충분한 실력을 쌓은 후에 시작해도 카페를 하기에 늦지 않다.

방법 5. 가장 중요한 것은, 결국 커피

카페 손님일 때는 알지만 사장이 되어서는 모르는 것이 있다. 자신이 파는 커피 맛이다. 마치 엄마가 해주는 밥과 반찬 맛에 익숙해지는 것과 같은 이치다.

항상 커피 맛에 촉각을 곤두세우고 맛의 변화에 신경을 써야 한다. 목표로 했던 맛이 나오지 않으면 원두에는 문제가 없는지 육안으로 확인하고, 그라인더 분쇄도를 다시 한번 조정하고, 포터필터에 담는 원두의 양을 달리하면서 문제를 해결해야 한다.

자가배전을 하는 카페라면 로스팅 포인트를 달리해보고, 원두를 받아쓰는 카페라면 원두를 공급하는 로스터에게 물어보면서 맛의 문제를 풀어야 한다. 그렇지 않고 '커피 맛이 거기서 거기지 별것 있겠어?' 식의 커피 맛에 대한 무사안일한 사고는 카페가 망하는 데 치명적인 원인이 된다.

카페 창업을 준비하는 사람들에게 항상 강조하는 말이 있다. 절대 커피를 배우는 데 돈을 아끼지 말라는 것이다. 말을 들을 때는 고개를

232

CAFE
CHECKLIST

끄덕이던 사람들도 정작 나중에는 그 돈에 인색해한다. 그러면서 카페 내부를 꾸미는 인테리어에는 업자의 말에 현혹되어 비싼 돈을 들여 카페를 치장한다. 그 모습을 지켜보노라면 긴 한숨만이 나온다.

커피는 겸손한 마음을 가지고 배우고 또 배워야 한다. 필드는 아마추어전이 아니다. 커피 프로들의 전쟁터다. 그런데 그곳으로 뛰어드는 전사가 전투복과 장비만 그럴듯하게 갖추고, 정작 장비 사용법에 대해서는 서투르고 체력 또한 떨어진다면 전투 결과는 어떠하겠는가?

무엇이 중요한 것인지 다시 한번 생각하길 바란다. 냉정해져야 한다. 자신이 전쟁터에 나갈 준비가 되어 있지 않다면, 체력을 기르고 장비 사용법을 더 연마한 후에 나가도 늦지 않다. 그리고 무엇에 중점을 둬야 하는지 곰곰이 고민해보길 바란다. 주변 사람들의 말에 현혹되지 말고, 중심을 잡고 커피 맛에 집중해야 한다.

지인 가운데 한 사람이 내게 커피 맛을 어떻게 잡았냐고 물었다. 솔직히 말하면, 아직 목표로 하는 커피 맛을 내지 못하고 있다. 맛은 단박에 잡히는 것이 아니다. 커피를 그만두는 그날까지 더 맛있는 커피 맛을 내기 위해 노력을 게을리하면 안 된다. 내가 커피 맛을 내는 것에 게을리하면 내 커피를 좋아하는 사람들은 금세 알아차린다.

커피 전문가라면 적어도 고객보다는 커피 맛의 목표치가 높아야 한다. 고객이 커피 맛이 좋다고 해도 어디 부족한 점은 없는지 하루에 세 번(개점 전, 영업 중, 마감 후) 이상 체크를 해야 한다. 준비되지 않은 상태에서 고객을 맞으면 틀림없이 실수를 하게 된다. 추출 후에도 문제가 발견

233

된다면 과감히 커피를 버릴 줄 알아야 한다. 커피를 아끼면 고객을 잃게 되고, 커피를 버리면 고객을 얻을 것이다.

한 잔의 맛있는 커피를 만들고 싶다면 잊지 말아야 할 것이 있다. 생두와 원두에 돈을 아끼지 말아야 한다는 것이다. 앞뒤 안 보고 무턱대고 값비싼 생두와 원두를 사라는 것이 아니다. 같은 가격에도 경쟁력 있는 생두와 원두가 있다. 발품을 팔아야 좋은 생두와 원두를 만날 수 있다.

문제가 생두에 있다면 거래처에 왜 그런지 문제 제기를 하고 해명을 들어야 한다. 문제 해결이 되지 않으면 거래처를 바꿔서라도 흠 없고 신선한 생두를 확보해야 한다. 원두도 마찬가지다. 자가배전을 하지 않는 카페라면, 원두는 그야말로 생명과도 같은 것이다. 커피 맛이 일정하지 않고, 그 원인이 원두에 있다면 공급처에 설명을 요구해야 한다. 그리고 다음에는 그런 일이 없도록 주의를 주고, 양질의 원두를 공급받아야 한다.

같은 가격이라면 당연히 품질이 좋은 생두와 원두를 받아야 한다. 설사 생두와 원두의 가격이 조금 비싸더라도 감당할 수준이고 자신이 목표로 하는 커피 맛에 부합된다면, 낮은 가격만 찾지 말고 좋은 재료의 커피로 고객에게 다가가야 한다. 고객은 말을 안 할 뿐 당신이 생각하는 것보다 현명하고 맛에 민감하다.

한 달에 두 번 이상은 시간을 내어, 맛있는 커피를 내는 이름 있는 카페에 다녀야 한다. 잘하는 집의 커피를 맛봐야 고객이 어떤 맛을 좋아하는지 내 커피와 어떻게 다른지 배울 수 있다. 커피를 직업으로 하는 사람일수록 남의 커피를 맛보는 데 인색해서는 안 된다. 다른 집의 커피를 마시는 것은 즐기기 위함도 있지만, 커피 공부를 위해서라는 점을 잊지 말자.

커피 맛을 보고 내 커피와 다른 점은 무엇인지 어떤 점이 더 뛰어난 지 부족한 점은 무엇인지 꼼꼼히 체크해야 한다. 고객들이 줄을 서서 마신다면, 분명 내게 없는 맛이나 경쟁력이 있는 것이다. 시대의 트렌드에 휘둘릴 필요는 없지만, 대세를 거스를 수는 없다. 양질의 커피를 합리적 인 가격으로 파는 게 시대의 흐름인데, 독야청청 혼자만의 길을 걷는 것은 위험할 수 있다. 시간을 떼어내 남들은 어떤 커피를 하는지 시대와 고 객이 추구하는 커피 맛은 어떤 것인지 찾아야 한다.

카페의 본질은 커피다. 그런데 요즘 일부 카페를 가보면, 커피는 뒷 전이고 이름도 생소한 사이드 메뉴가 메뉴판을 가득 채우고 있다. 고객 들이 이게 좋다고 하면 그것을 추가해놓고, 이건 별로다 하면 어느새 메 뉴에서 내려놓기도 한다. 중심을 잡지 못하고 고객들의 취향에 흔들리는 카페를 여럿 보았다. 카페로 시작했다가 맥주도 팔고 팥빙수도 팔고 나 중에는 빵도 판다. 메뉴 다각화를 통해 고객의 선택권을 넓히고 매출을 높인다는 변명은 어딘가 궁색해 보인다.

커피가 맛없는 카페는 더 이상 카페라는 이름을 붙이기도 민망 해 보인다. 카페를 운영하는 사람 스스로 부끄러워해야 한다. 카페의 본질이 무엇인지 다시 한번 고민해보고 그것에 충실하도록 최선을 다 해야 한다.

사이드 메뉴에 집중하는 순간, 손님들은 등을 돌릴 것이다. 손님이 떠나는 카페는 다 이유가 있다. 달리기 선수는 달리기를 잘해야 하고, 권투선수는 권투를 잘해야 한다. 권투선수가 달리기만 집중하는 순간, 상대방의 펀치에 녹다운될 것이다. 커피는 무엇보다 우선시되어야 한다. 그게 바로 카페를 하는 당신이 생존할 수 있는 유일한 길이다.

맛있게 잘 볶은 원두

방법 6. 사람들이 찾아오는 카페

카페 운영에 고전을 면치 못하는 분들을 만나면 꼭 묻는 것이 있다. "그 집의 대표 메뉴는 무엇인가요?" 열에 아홉은 "대표 메뉴라는 게 없다"라고 답한다. 간혹 대표 메뉴라는 것을 이야기하지만 잘 들어보면 여러 메뉴 중 하나일 뿐 그 집을 상징하는 메뉴는 아니다.

안 되는 카페를 가보면 하나같이 메뉴판이 작은 글씨로 빼곡히 가득차 있어 읽기조차 쉽지 않다. 커피 메뉴는 물론이고, 생과일주스, 샌드위치, 아이스크림, 쿠키, 심지어 죽까지 취급하고 있다. 메뉴가 많으면 다양한 기호를 가진 고객을 잡을 수 있다고 생각하겠지만, 그건 희망사항에 불과할 뿐 현실은 그렇게 녹록지 않다.

잘되는 음식점에 가본 사람은 알 것이다. 메뉴가 단순하다. 누가 봐도 이해하기 편하게 큼직한 글씨로 몇 가지의 메뉴를 붙여놓고 그것에만 집중한다. 고객들은 단지 그것만을 먹기 위해 그곳으로 향한다. 꼬리곰탕, 설렁탕, 도가니탕, 닭곰탕 등 오직 하나의 메뉴만 취급하는 장안에 소문난 대박집도 많다.

사람들이 점심식사 후 카페를 정할 때 무엇을 고려할까? 본인이 먹고 싶은 메뉴가 떠오르는 카페로 간다. "그 집은 더치커피가 구수하고 맛있더라" "거기는 카페라테가 참 고소하더라" "아메리카노가 깔끔하고 불쾌한 쓴맛이 없다" 등 가고 싶은 카페의 대표 이미지가 명확해야 한다.

고객과의 소통이 매출을 확 늘려주지는 않는다. 그러나 매출을 줄여주기는 한다. 커피가 맛이 있어도 사장이나 직원이 불친절하거나 고객과의 소통이 되지 않는다면 매출 감소로 이어질 수 있다. 더욱이 카페 손님의 상당수가 여성인 점을 감안하면 불친절과 소통의 부재는 반드시 개선해야 한다.

내 경우 단골손님이 머리를 새로 했을 때 "머리 스타일이 잘 어울린다"라든가 오랜만에 온 손님에게는 "그동안 왜 오지 않았냐"고 물어보는 것만으로도 고객을 기억하고 관리한다는 느낌을 줄 수 있었다. 말 한마디로 천냥 빚을 갚는다고 했듯이 고객과의 소통은 가벼운 대화만으로도 충분하다는 것을 잊지 말자.

메뉴를 간소화하라는 말은 앞에서 언급했다. 다만 간과하지 말아야 할 것은 커피를 마시지 않는 손님을 위한 맛있는 비커피 메뉴 한두 가지는 꼭 있어야 한다는 것이다. 친구 서너 명이 카페를 찾으면 그 가운데한 명은 꼭 커피를 마시지 않는 사람이 있다. 우리는 대표적으로 녹차라테와 핫초코가 있는데, 생각보다 많은 사람들이 이걸 마시기 위해 카페를 찾는다.

고객 가운데 한 분이 카페에서 사용하는 파우더 브랜드를 알 수 있느냐기에 그 정보를 알려줬다. 며칠 후 그 손님이 카페를 들러 하는 말, "똑같은 파우더로 알려주신 대로 했는데, 여기서 먹는 그 맛이 안 나요."

여전히 그 고객은 커피를 마시지 않음에도 일주일에 두 번 이상 카페를 찾는다. 단지 아이스 녹차라테를 마시기 위해서.

기본기를 잘 지키라는 말은 너무 많이 들어 귀에 딱지가 붙고 식상할 정도다. 그럼에도 마지막으로 이 말 한마디는 해야겠다.

"영업시간을 잘 지켜라."

아주 당연하고 기본적인 것 같지만, 상당수의 카페는 이것을 지키지 않는다. 개점 시간은 물론 마감 시간도 멋대로다. 영업시간 내에 문을 닫을 경우, 사전에 공지를 하거나 급한 경우 출입문에 공지를 해야 하는데, 아무 말도 없이 문이 닫혀 있으면 고객은 화가 난다. 그게 반복되면 아무리 커피가 맛있어도 고객은 등을 돌릴 것이다.

영업시간에 항상 문이 열려 있어야 고객들은 안심하고 그 카페를 찾을 것이다. 사람들이 찾아오는 대박 카페를 만드는 일은 생각보다 단순하다. 다만 실행하기가 어려울 뿐이다.

방법 7. 이름의 중요성, 상표등록은 필수!

카페를 창업하는 사람들이 가장 먼저 생각
하는 것은 카페의 이름이다. 평소 카페 창업에 대한 목표가 있었다면, 어
떤 이름이 하려고 하는 카페와 잘 어울릴까 고민한다. 결국 마음에 드는
카페 이름을 짓고 창업 후 부푼 마음으로 간판을 달게 된다.

나 역시 2010년 9월 커피 꼬모라는 이름으로 간판을 달았다. 간판
이 카페에 달렸을 때의 설레고 기대에 찬 감흥은 지금도 생생한 기억으
로 남아 있다.

부푼 마음과는 별개로 사업을 하다보면 간판을 내려야 하는 상황
이 발생한다. 대개 간판을 내리는 경우는 사업이 잘 안 돼 폐업하는 때
다. 그러나 장사가 잘되는데도 불구하고 카페 이름을 바꿔야 하는 경우
가 있는데 그건 상표등록을 하지 않아서다.

먼저 상표등록을 한 동일 업종의 유사하거나 같은 이름을 가진 업
체가 상호를 변경하라는 경고장을 보낸다. 이에 응하지 않을 경우 법원
에 영업정지가처분소송까지 낸다. 먼저 영업신고를 했다고 해도 상표등

록을 하지 않으면 대항력을 가질 수 없다. 이런 경우 거의 예외 없이 매장 이름을 바꿔야 한다.

　이미 단골도 생기고 고객의 머릿속에 기억된 상호를 변경하는 일은 행정적으로는 쉬운 일이나 심정적으로는 낳고 기른 아이를 빼앗기는 것만큼 가슴 아픈 일이다.

　심지어 자기 이름을 걸고 매장을 열었어도 악의적인 전문 브로커의 먹잇감이 될 수 있다. 잘되는 매장 중 상표등록이 안 된 곳을 골라 먼저 상표등록을 한 후 큰돈을 요구하는 사례도 있다. 만약 "내 이름으로 된 매장인데 무슨 일이야 있겠어?"라는 식으로 무사안일하게 대응할 경우, 악의적인 전문 브로커는 경고장에 이어 영업정지가처분소송을 내서 돈을 받아내거나 매장 이름을 바꾸게 만든다. 나부터도 그렇지만, 개인의 경우 법원에서 공문이 오면 겁부터 먹게 된다.

　그들이 원하는 것은 매장 이름을 바꾸는 것이 아니라 돈을 받아내는 것이므로 적정한 선에서 돈을 받고 상표를 이전하는 식으로 마무리된다. 매장 이름은 지켰어도 그사이에 한 마음고생은 이루 말할 수 없으며, 정상적인 영업에도 큰 타격을 받는다. 평소 상호에 대해 상표등록만 했어도 겪지 않을 일인데, 큰 경을 친 후에야 후회한들 무슨 소용이 있겠는가.

　지인 가운데 한 분도 매장 이름 때문에 홍역을 치르고 결국 상호를 변경할 수밖에 없었다. 상대방은 악의적인 전문 브로커는 아니고 길 건너편에서 유사한 이름으로 영업 중인 카페였다.

그는 어느 날 상대방으로부터 동일 업종이고 상호명이 유사하니 이름을 바꾸라는 경고장을 받았다. 상표등록과 관계된 것 같아 특허청에 질의를 했더니 상대방이 상표등록을 먼저 했다면, 대항력을 갖기는 어려울 거라는 답변이 돌아왔다. 더욱이 지인이 영업등록을 하기 약 일주일 전에 상대방이 먼저 상표등록을 했다고 한다. 상황이 이렇다 보니 그는 어디에 하소연도 못하고 지난 5년간 사용한 상호를 변경할 수밖에 없었다.

매장 이름이 바뀌니 그동안 카페를 찾았던 고객은 사장이 바뀐 것으로 알고 매장에 들어와보지도 않고 발걸음을 돌리는 등 매출에 상당한 영향을 받았다. 오는 고객마다 일일이 사연을 설명하느라 지금도 애를 먹고 있다고 한다.

사업을 시작하기로 했다면, 규모에 관계없이 반드시 상표등록을 해야 한다. 그 용어가 거창해서 대단히 복잡하고 힘들 것 같지만, 생각보다 어렵지 않으며 비용도 크게 부담스럽지 않다.

특허청 홈페이지에 접속해 전자출원 포털 특허로에 들어가거나 직접 특허로에 접속하면 상표등록을 위한 자세한 설명이 나와 있어 그대로 따라하면 어렵지 않게 상표등록 출원을 마칠 수 있다.

오히려 특허출원 자체보다는 출원을 위한 서식 때문에 몇 개의 필수 프로그램을 설치해야 하는 점이 개인의 컴퓨터 환경에 따라 꽤 번거롭고 성가실 수 있다.

2014년 11월에 매장명을 '커피 꼬모'에서 '구대회 커피'로 변경하면서 특허청에 상표등록 출원서를 냈다. 내 경우는 외부 요인 때문에 매장명을 변경한 것이 아니라 내 이름을 걸고 커피를 하고 싶다는 개인 의지 때문이었다.

상표등록 출원을 위해서는 당연히 이름이 있어야 하며, 이름에 대한 디자인 또한 필요했다. '구대회 커피'가 상표였기 때문에 글씨체와 글씨의 색상 그리고 바탕색을 정해 JPG파일을 해당 서식에 첨부했다.

상표등록 출원시 인지대를 비롯해 소정의 비용이 발생한다. 국문상호를 예로 들면 다음과 같다. 개인이 직접 출원을 하는 경우, 출원 비용으로 5만6천 원을 납부해야 한다. 그 이후에 출원한 상표를 써도 좋다는 등록 결정이 나면 10년 기준으로 약 22만 원을 내면 된다. 만약 변리사 등 대리인에게 상표등록 출원을 의뢰하는 경우, 수임료로 약 30만 원의 비용이 소요된다. 즉 최소 27만6천 원에서 최대 57만6천 원 정도의 비용이면 상표출원부터 상표등록까지 마칠 수 있다.

내 경우, 2014년 11월 19일 상표출원부터 2015년 7월 28일 상표등록까지 약 9개월이 소요되었다. 보통 6개월에서 1년까지 걸린다고 한다. 상표등록 결정이 나고 인지대까지 지불하면 그날부터 10년간 그 상표를 사용할 수 있는 권리가 부여된다. 10년 후에도 본인이 그 상표를 사용하고자 하면 다시 인지대를 납부하면 되고, 그렇지 않으면 인지대를 내지 않고 포기하면 된다.

요즘 작은 카페를 하나 하려고 해도 적어도 5천만 원에서 억 단위 이상 드는 것을 감안하면, 상대적으로 크게 부담스러운 금액은 아니다.

더구나 카페를 1~2년 할 게 아니라면 자신의 매장을 지키는 보험이라고 생각하고 투자하면 나중에 상호명 때문에 애를 먹는 일은 없을 것이다.

    카페를 운영 중인 분들은 하루속히 상표등록을 마쳐서 추후 이와 유사한 문제로 피해를 보는 일이 없어야겠다.

바리스타를 꿈꾸는 청소년들에게

　　　　중고등학교 시절 내 목표는 오직 좋은 대학에 진학하는 것이었다. 그 당시에는 지금 하고 있는 일을 하리라고는 꿈에도 생각하지 못했다. 바리스타라는 직업 자체가 없었고, 설사 있었다고 하더라도 이것을 목표로 공부를 하지는 않았을 것이기 때문이다. 당시 나는 이렇다 할 꿈이 없었고, 공부만이 지상 최대의 과제라고 생각했다. 1980~90년대에는 우리 사회가 지금처럼 다양성을 존중하지 않았고, 그것을 키울만한 교육도 여유도 없었다.

　　　　바리스타, 어미에 '스타'가 붙어서인지 어감만으로도 멋스러운 이름이다. 실제 그 의미는 이탈리아어로 '바bar에서 일하는 사람'이라는 뜻으로 영어의 바텐더bartender와 유사하다. 우리가 알고 있는 뜻, 커피를 추출하는 사람보다는 훨씬 폭넓은 의미를 가진다. 어쨌든 지금은 '커피 전문가'라는 의미로 통용된다.

　　　　이들은 커피를 추출할 뿐 아니라 카페라테 위에 예쁜 그림을 그리기도 하고, 새로운 창작 커피 메뉴를 만들기도 한다. 간혹 훌륭한 바리스타가 되기 위해 필요한 적성은 무엇인지 질문을 받는다. 무엇보다 중요한 것은 커피 맛을 감별할 수 있는 감각기관이 발달해 있어야 한다. 그러나 크게 걱정할 필요는 없다. 청소년기는 성인과는 달리 성장이 진행되는 시기이기 때문에 벌써부터 본인의 감각기관의 발달 정도에 대해 염려하지 않아도 된다.

다만 청소년기에는 담배와 술은 삼가는 것이 좋다. 특히 담배는 혀의 감각을 우둔하게 할 뿐 아니라 건강에도 치명적이기 때문에 주의해야 한다. 나는 지금도 담배는 입에 대지도 않으며, 술 또한 조심하고 있다. 간혹 바리스타 중에 담배를 즐기는 사람이 있는데, 이는 본인의 건강에도 좋지 않을 뿐 아니라 담배 냄새가 손이나 몸에 배어 고객에게 불쾌감을 줄 수 있으므로 적어도 근무시간에는 절대 담배에 손을 대면 안 된다.

평소 꼼꼼하고 섬세한 사람이라면 나중에 커피를 하는 데 도움이 될 것이다. 에스프레소 머신뿐 아니라 드립포트를 이용한 추출의 경우, 바리스타의 섬세한 손놀림이 커피 맛에 중요한 영향을 미친다. 청소년기에 자기 방과 주변 정리를 잘하고 무슨 일을 하든 꼼꼼하게 정성을 다하는 습관을 기르는 것이 바리스타로서 성장하는 데 도움이 될 것이다.

또 청결해야 한다. 바리스타는 커피라는 음식을 만드는 사람이다. 맛보다 중요한 것이 위생이다. 본인의 몸은 물론이고 주변 청결에 신경을 써야 한다. 어느 카페를 가보면 바리스타가 손톱을 기르고 단정하지 못한 옷차림을 한 경우가 있다. 주방은 또 어떠한가? 바는 정리가 안 되어 있고, 카페 곳곳에 먼지가 뽀얗게 쌓여 있다. 이런 곳은 설사 커피가 아무리 맛있다 하여도 다시 가고 싶지 않다. 사소한 것이지만, 평소 손과 손톱을 청결히 관리하는 습관을 기르는 것 또한 훌륭한 바리스타로 가기 위한 자세이다.

라테 아트를 하든 핸드드립으로 커피를 추출하든 간에 커피를 대하는 일에는 상당한 집중력이 요구된다. 평소 집중하지 못하고 산만한 성격의 청소년들은 무언가 한 가지에 집중하는 연습을 하면 도움이 된다. 예를 들어 퍼즐 맞추기나 두껍지 않은 책 한 권을 정해 처음부터 끝까지 한번에 독파하는 습관을 들이면 집중력을 기르는 데 도움이 된다.

커피를 추출하는 것은 쉽다. 그러나 잘하는 것은 어렵다. 어느 분야든 뛰어난 실력을 기르기 위해서는 상당한 시간이 걸린다. 커피뿐 아니라 어떤 일에서 일가를 이루는 데 필요한 최소한의 시간은 10년이다. 그렇다고 완성되는 것은 아니다. 부단히 부족한 점을 연마해나가면서 실력을 쌓아야 한다. 나 역시 커피 추출, 커피 로스팅 등에서 여전히 부족함을 느낀다. 요즘도 하루도 빠짐없이 열두 시간 이상 일을 하면서 실력을 기르고 있다. 앞으로 커피를 하다 보면 좌절할 때가 올 것이다. 그건 성인이 되기 위해 청소년기에 사춘기를 겪듯 자연스러운 과정이다. 그럴수록 끈기를 가지고 부단히 노력하다 보면, 어느 순간 그 분야에서 우뚝 서 있는 자신을 보게 될 것이다.

아직까지 대부분의 바리스타는 박봉에 시달린다. 사회적으로 존경을 받거나 명망이 높은 직업도 아니다. 그 이유 중 하나는 바리스타가 되는 진입장벽이 낮아 누구나 어렵지 않게 바리스타라는 직업을 가질 수 있기 때문이다. 바리스타가 되는 것은 정말 쉽다. 두 달만 투자해도 자격증을 취득하고 카페에서 일을 할 수도 있다. 그러나 훌륭한 바리스타가 되기는 무척 어렵다.

지금도 일단 실력을 갖춘 바리스타가 되면 먹고사는 데 큰 문제가 없다. 경험을 쌓고 카페 운영에 대한 노하우가 쌓이면 카페를 차려 더 많은 돈을 벌 수도 있다. 내 경우 국내 굴지의 대기업을 포함해 여러 회사에서 일을 했었지만 지금은 과거 어느 때보다 많은 돈을 벌고 있다. 카페도 점점 잘되고 있다. 친구들은 이제 제2의 인생을 걱정할 시기에 나는 오늘도 좋아하는 커피를 하며 매일매일을 설렘 속에 살고 있다.

의사, 변호사조차 그 수가 늘어나고 적체되면서, 부와 출세를 보장받았던 과거와 달리 이제 무한 경쟁의 시대에 돌입했다. 모든 게 자기 하기에 달려 있다. 그러므로 단지 바리스타가 되는 것이 아니라 뛰어난 실력을 갖춘 바리스타가 되는 것을 목표로 삼자. 일단 그것을 하기로 마음을 먹었다면, 앞서 언급한 것들을 지금부터라도 생활 속에서 차근차근 실천하며 필요한 자질을 길러나가야 할 것이다.

비록 작금의 우리 현실이 중고등학생들에게 공부만이 출세를 보장한다고 강요하지만, 사회에 나와보면 꼭 그런 것만도 아니다. 꼭 대학이 아니어도 자신의 적성을 찾아 착실히 준비하고 경력을 쌓으면 어느 순간 그 분야에서 인정받는 시대가 오고 있다. 다만 공부가 싫어서 도피할 생각으로 찾아서는 안 되며 본인이 좋아하고 열정을 불태울 수 있는 분야

를 찾는 것이 중요하다. 무엇을 하든 오래도록 열심히 해야 달콤한 결실
을 거둘 수 있는 법이다.

카페 창업을
꿈꾸는 이들에게

지금 당장 혹은 앞으로 언젠가 카페 창업을 고려하고 있다면, 우선 생각해야 할 점이 있다.

'내가 정말 커피를 좋아하는가?' '커피 이외에 다른 창업 대안은 없는가?' 이 두 가지다. 커피를 좋아하지 않는 사람이 카페를 할 경우 단지 커피를 파는 것에만 집중하기 때문에 커피 맛을 좋게 할 수도 없고, 별 관심도 없다. 이런 경우 어지간한 상권이 아니면 살아남을 수 없다. 대개 이런 분들은 창업 후 카페를 운영하다가 권리금을 받고 다른 사업으로 갈아타는 경우가 많다. 커피를 좋아하면서 다른 대안이 있는 경우, 고민을 더 해야 한다. 이런 분들은 카페 운영 중 위기가 찾아오면 견디기 어렵다. 위기를 타개하기 위해 커피 맛을 향상시킨다거나 수익원을 다각화하는 등의 노력을 기울이기보다 다른 사업에 눈을 돌리기 쉽다.

본인이 커피를 무척 좋아하고 이 일이 아니면 안 된다고 판단되었다면 이제 카페 창업을 위한 준비를 해보자. 지금부터 이야기하는 대상은 경제적으로 넉넉해 카페에서 나오는 수익으로 살아가지 않아도 되는 분들(여가형 카페 창업자)을 위한 것이 아니라 카페 운영으로 본인의 생계를 유지하거나 가족을 부양해야 하는 생계형 카페 창업자를 위한 것이다.

카페를 창업하는 경우, 크게 두 가지로 나눌 수 있다. 프랜차이즈를 할 것인가 아니면 개인 카페를 할 것인가이다. 전자의 경우, 업체에서 상권분석부터 영업지원까지 전부 알아서 해주기 때문에 커피의 문외한이라도 업체에서 요구하는 창업비만 있으면 카페를 시작할 수 있다. 다만 개인 카페에 비해 창업비용이 많이 들고, 많이 근절되기는 했으나 주기적으로 인테리어를 바꿔야 하며, 메뉴나 분위기를 바꿀 수 없는 등 개성을 살릴 수 없다는 제약이 따른다. 후자의 경우, 창업비용을 줄이고 카페의 개성을 살릴 수 있는 반면 창업하는 데 발생하는 모든 문제를 본인이 해결해야 하는 어려움이 있다. 그러나 프랜차이즈는 계약기간 동안 해당 업체의 상표를 사용하는 권리를 가지고 있을 뿐 본인의 것이 아니다. 따라서 본인이 평생의 업으로 커피를 하고 싶다면, 다소 시간이 걸리고 힘이 들더라도 개인 카페를 해야 한다.

개인 카페를 한다면 어떤 형태의 카페를 해야 할까. 커피의 재료가 되는 원두를 어떻게 조달하느냐에 따라 로스팅 업체로부터 원두를 구매하는 일반 카페와 직접 생두를 볶아 사용하고 소비자에게 판매도 하는 로스터리 카페로 구분할 수 있다. 일반 카페의 경우 신선하고 흠 없는 원두를 확보하고 실력을 갖춘 바리스타가 있다면 큰 무리 없이 운영될 것이다. 그러나 장기적으로 봤을 때 고객이 찾아오는 특색 있는 카페로 가

에스프레소를 추출 중인 저자

기에는 부족함이 있다. 더욱이 프랜차이즈 업체와 비교했을 때 경쟁력을 가지기 어렵다. 궁극적으로 개인 카페가 가야 할 길은 소규모 로스터리 카페다. 물론 창업비용에 로스터기를 추가해야 하기 때문에 일반 카페에 비해 부담이 될 수 있다. 그러나 그로 인해 창출되는 다각적인 수익원과 차별화된 분위기를 고려한다면 생각은 달라질 것이다. 최근 들어 가정용 에스프레소 머신의 보급 증가와 핸드드립 인구가 늘면서 신선한 원두 수요도 늘고 있다. 따라서 로스터리 카페는 잔 커피와 더불어 원두 판매로 수익 증대를 도모할 수 있으며, 산지별 다양한 원두를 확보할 수 있어 핸드드립 전문점으로 모양을 갖추는 데 도움이 된다. 로스터기를 카페에 들여놓음으로써 분위기를 한 차원 높일 수 있으며, 고객으로 하여금 '이곳은 커피를 직접 볶으니까 한결 커피가 맛있겠다'라는 기대감을 갖게 할 수 있다. 물론 로스팅 기술이 부족할 경우 일반 카페보다 못하게 되므로 창업 전에 부단히 로스팅 실력을 연마해야 하는 것은 두말할 필요도 없다.

창업비용이 부족해 로스터리 카페를 할 수 없다면 어떻게 해야 할까. 그렇다면 지속적으로 신선하고 흠 없는 원두를 공급받을 수 있도록 신뢰할 수 있는 로스팅 업체를 확보하자. 그리고 본인이 핸드드립과 라테 아트 등 커피 실력을 기르는 동시에 자기만의 특색 있는 카페 색깔을 연출해야 한다. 그마저도 안 된다면 무수한 카페 가운데서 생존하기는 쉽지 않다.

무엇보다 성공하는 카페를 만들기 위해서는 커피에 대한 열정이 있어야 한다. 아무리 좋아서 시작한 일이라도 시간이 지날수록 그 일에 대한 한계효용은 체감한다. 결국 나중에는 그 일에서 즐거움을 느낄 수 없고, 카페 역시 다른 일과 마찬가지로 생계를 위해 어쩔 수 없이 하는 일이 되고 만다. 이런 때 다른 카페들은 어떻게 하는지 돌아보고, 할 수만 있다면 커피 산지에 가볼 것을 권한다. 가깝게는 라오스의 팍송, 베트남의 달랏 등지에 커피 농장이 있다. 사나흘을 투자해 커피 산지에 다녀오면 이전과는 다른 커피에 대한 애정과 열정이 생길 것이다.

앞으로 카페를 창업하는 모든 분들이 성공해서 카페가 자영업의 무덤이 아닌 꽃으로 거듭나길 소망한다.

오늘도 동네 카페의 문을 엽니다

초판 1쇄 인쇄 2023년 4월 28일
초판 1쇄 발행 2023년 5월 8일

지은이   구대회

펴낸이   구대회
펴낸곳   여니북스
책임편집 김민영
디자인   onmypaper
마케팅   타인의취향
인쇄   교학사

출판신고 제 2022-000206호
주소   서울특별시 마포구 창전로2길 7-3, 1층
홈페이지 www.yonibooks.co.kr
이메일   yonibooks@naver.com
대표전화 0507-1355-8739

ISBN   979-11-979737-1-0 13320